예수 그리스도의 가르침에서 배우는 천국백성답게 사는 법!

천국 백성답게 살라

이응윤 지음

기독교문서선교회

기독교문서선교회(Christian Literature Crusade: 약칭 CLC)는 1941년 영국 콜체스터에서 켄 아담스에 의해 시작되었으며 국제 본부는 영국의 쉐필드에 있습니다.
국제 CLC는 59개 나라에서 180개의 본부를 두고, 약 650여 명의 선교사들이 이동도서차량 40대를 이용하여 문서 보급에 힘쓰고 있으며 이메일 주문을 통해 130여 국으로 책을 공급하고 있습니다.
한국 CLC는 청교도적 복음주의 신학과 신앙서적을 출판하는 문서선교기관으로서, 한 영혼이라도 구원되길 소망하면서 주님이 오시는 그날까지 최선을 다할 것입니다.

Eight Steps For Living As God's People

by
Eungyoon Lee

Korean Edition
Copyright © 2011 by Christian Literature Crusade
Seoul, Korea

저자 서문

　복음서를 쉽게 이해하기 위해 각 복음서마다 붙인 별명들이 있는데, 마태복음은 사자복음, 마가복음은 송아지복음, 누가복음은 인자복음, 요한복음은 독수리복음입니다. 즉 마태복음은 왕, 마가복음은 고난을 당하는 종, 누가복음은 완전한 인간, 요한복음은 전능하신 하나님으로서의 예수님입니다. 이처럼 복음서는 예수님이 왕, 고난을 당하시는 완전한 인간, 전능하신 하나님이심을 보여줍니다.

　마태복음 1:1 "아브라함과 다윗의 자손 예수 그리스도의 계보"에서 보듯이 왕의 족보로 시작합니다. 2:2에서 동방으로부터 온 박사들이 "유대인의 왕으로 나신 이가 어디 계시냐"와 2:11의 아기 예수께 엎드려 경배하고 예물을 드린 것에서 예수님이 왕이심을 확실히 증거합니다. 3장에서 세례 요한이 예수님을 알곡과 쭉정이로 심판하실 왕이심을 선언합니다. 4장에서는 예수님이 공생애에 들어서면서 "회개하라 천국이 가까이 왔느니라"(4:17)고 선포하시고 예수님의 공생애 사역이 천국복음을 전파하신 것

(4:23)이었습니다. 이상으로 볼 때 마태는 예수님이 천국의 왕이심을 선언하고 있습니다. 선언 후 계속되는 5-7장은 예수님이 산에서 제자들에게 가르치신 말씀으로 산상수훈이라고 부르는데, 예수님은 제자들에게 천국백성들의 자격과 삶의 내용들을 가르칩니다.

본서는 산상수훈 중 마태복음 5:1-12을 중심으로, 예수님이 왕으로서 천국백성의 자격과 삶의 윤리에 대해 가르치신 집합체에 대한 해석입니다. 따라서 제목을 '천국백성답게 살라'고 하였습니다. 이는 모든 그리스도인들을 향한 예수님의 명령이요 복있는 사람됨의 선언입니다. 이처럼 팔복은 왕이신 예수님의 제자들로 하여금 천국백성답게 살아가야 할 여덟 가지 자세와 삶을 가르치시면서 진정 복있는 사람은 천국백성답게 사는 사람임을 분명히 선포하신 내용입니다.

이 땅의 모든 그리스도인들이 천국백성답게 살아감으로 하나님의 영광이 온 땅에 충만한 가운데 복있는 사람이 되기를 기도합니다. 늘 변함없는 기도와 사랑으로 섬겨주는 아내와 자녀들, 사랑의 후원자들에게 감사한 마음을 전합니다. 또한 책을 출판해 주신 CLC에도 감사드립니다.

모든 영광을 전능하신 하나님께 돌립니다.

2011년 3월

이웅윤 識

CONTENTS

저자 서문 •• 5

들어가는 말 •• 9

제 1 부 복이란 무엇인가?

제1장 복에 대한 관점 •• 19

　　1. 동양과 서양의 관점 • 19
　　2. 성경의 관점 • 23

제2장 행복지침서 •• 29

제3장 복이란 무엇인가? •• 33

　　1. 불행의 원인 • 34
　　2. 구약에서 말하는 복 • 40
　　3. 예수님이 말씀하신 복 • 46

제 2 부 천국백성답게 사는 여덟 계단

제4장 첫 번째 계단: 비우기
　　비움은 채움의 시작입니다 •• 53

제5장 두 번째 계단: 슬퍼하기
　　　슬픔 뒤에는 위로가 넘칩니다　••　75

제6장 세 번째 계단: 길들이기
　　　길들여진 온유한 사람은 땅의 복을 받습니다　••　101

제7장 네 번째 계단: 몸부림치기
　　　영적 몸부림은 만족을 가져다줍니다　••　125

제8장 다섯 번째 계단: 베풀기
　　　긍휼은 가장 확실한 보험입니다　••　141

제9장 여섯 번째 계단: 순수하기
　　　순수하면 하나님이 보입니다　••　161

제10장 일곱 번째 계단: 피스메이커 되기
　　　하나님의 자녀는 화평을 추구합니다　••　183

제11장 여덟 번째 계단: 승자되기
　　　의로운 승자는 행복합니다　••　201

결론　가장 소중한 친구　••　223

참고문헌　••　237

들어가는 말

　3일 동안 굶주린 호랑이가 있었습니다. 배고픔을 해결하기 위해 먹이를 찾아다니다가 어설프게 쭈그리고 있는 토끼를 보고 한 발로 낚아챘습니다. 그런데 놀라운 것은 토끼가 고개를 쳐들더니 호랑이를 날카롭게 쳐다보면서 이렇게 말하는 것이었습니다. "이거 놔. 임마!" 생각지도 못한 토끼의 반응과 말에 충격을 받은 호랑이는 얼떨결에 토끼를 놓아주었습니다.

　심한 충격을 받은 호랑이는 다음 날에도 먹이 사냥에 나섰습니다. 호랑이 앞에 또 한 마리의 토끼가 나타났습니다. 호랑이는 이번에도 쉽게 토끼를 잡을 수 있었습니다. 그리고 막 잡아먹으려는 순간 또 다시 토끼가 이렇게 말하는 것이었습니다. "나야, 임마!" 그 토끼는 어제 잡았다가 놀라서 놔준 바로 그 토끼였습니다. 다시 한 번 깜짝 놀란 호랑이는 생각할 겨를도 없이 그 토끼를 또 다시 놓아주었습니다. 호랑이는 놀란 가슴을 쓸어내리면서 다시는 저 무서운 토끼를 만나는 일이 없기를 바라며 돌아갔습니다.

　허기진 호랑이는 다음 날도 사냥에 나섰고, 또 다시 토끼를 잡았습니다. 자세히 살펴보니 이번엔 분명 어제와 그제 잡았던 그 토끼가 아닌 다른 토끼였습니다. 그런데 호랑이는 그 토끼가 한 말에 쇼크를 받아 그만 기절하고 말았습니다. 도대체 이 토끼가 호랑이에게 뭐라고 말했기에 그랬을까요? "소문 다 났어. 임마!"

　비록 유머지만 여기에서 오늘날 그리스도인들의 모습을 볼 수 있습니다. 강한 것 같으나 한없이 나약한 그리스도인으로 비춰지고 있습니다. 한국교회가 몸집은 비대해졌지만 무기력한 호랑이로 전락되었다고 볼 수 있습니다. 겉으로는 큰소리를 내지만 얼마나 한국사회에 복음의 능력을 나타내고 있는지를 생각하게 됩니다. 자신감 넘치는 토끼를 보고 놀란 호랑이와 같이 교회가 예수 그리스도의 복음의 능력을 상실한 채 세상에 끌려가고 있다고 진단할 수 있습니다. 그러면 왜 이러한 상황이 나타나게 되었는지를 생각하지 않을 수가 없습니다. 하나님께 영광을 한없이 돌려드리고 세상에 영향을 끼쳐야 함에도 불구하고 세상이 도리어 교회를 걱정하는 안타까운 현실을 바라보면서 이러한 원인이 어디에 있는지 그리고 그 해결책은 무엇인지를 생각해 보고자 합니다. 다시 한 번 복음의 능력을 회복하여 예수님이 다시 오시는 날까지 복음을 열방에 전하는 데 앞장서는 한국교회가 되기를 바랍니다.

　예수 그리스도의 복음의 능력을 상실한 현대교회와 그리스도인들의 모습을 잘 지적한 사람이 있습니다. 바로 제임스 패커입니다. 그는 『당신을

향한 하나님의 계획』에서 오늘날 기독교를 온천탕 종교와 지뢰밭 인생이라고 규정하였습니다.[1]

온천탕 종교란 그리스도인들이 이 세상의 좋은 것과 편안한 것을 마음에 품고 추구하는 모습을 일컫는 말입니다. 그는 이것이 세 가지 사상의 영향을 받은 것으로 보았습니다. 첫째는 마르크스 물질주의입니다. 이는 그리스도인들이 하늘나라를 잊어버리고 이생의 삶만 생각하고 이생에서만 쾌락을 누려야 한다고 생각하게 만들었다는 것입니다. 즉 돈이 우상이 되었습니다. 둘째는 프로이드주의입니다. 이는 사람은 특히 성적 즐거움에 대한 필사적인 욕망에 조종을 받으며, 이런 욕망에 탐닉하지 않으면 완전히 실패한 인간이라고 그리스도인들을 공격했습니다. 셋째는 인도주의입니다. 이 말은 세상적으로 볼 때 아주 매혹적입니다. 영웅화될 수 있습니다. 그러나 이것은 신앙과는 상반된 것입니다. 이는 개인의 자기표현, 자기발견, 자기실현, 자아성취만을 인생의 최고의 목표로 꼽았다는 것입니다. 철저히 자기중심적입니다. 이러한 세상의 가치관에 물든 그리스도인들은 이러한 온천탕, 즉 물질주의 프로이드주의 인도주의에서 그런 즐거움만을 추구하고 있다고 지적하였습니다.

또한 지뢰밭 인생이란 여가와 사치를 즐기는 현대 그리스도인의 삶을 빗대어 한 말입니다. 이 말은 교회와 그리스도인들의 세속화를 말합니다. 교회와 그리스도인들이 세속화되었다는 것은 하나님의 뜻보다는 세상의 기준으로 살아가는 것입니다.

---

1) 제임스 I. 패커, 『당신을 향한 하나님의 계획』, 정옥배 역 (서울: 두란노, 2002), 85-86.

존 맥아더는 『복음을 부끄러워하는 교회』라는 책에서 세속화에 대해 이렇게 정의를 내렸습니다.

> 세속화는 세상의 가치를 좇아 자신의 취향이나 포부나 행동을 맞추는 죄를 말한다.[2]

세속화란 하나님의 말씀보다 세상의 가치와 판단에 의해 움직인다는 것을 말합니다. 즉 교회와 그리스도인들이 하나님의 뜻보다는 세상의 기준과 사람을 즐겁게 하려는 뜻을 따라 움직여 가고 있다는 지적입니다.

현대 그리스도인들이 영향을 받은 또 하나의 이론은 공리주의입니다. 하버드대학교 교수인 마이클 샌델은 자신의 저서인 『정의란 무엇인가』에서 제러미 벤덤의 이론을 소개합니다. 벤덤은 영국의 도덕철학자이자 법 개혁가로 공리주의를 주창했습니다. 샌델은 벤덤의 공리주의에 대해 이렇게 설명합니다.

> 공리주의 핵심사상은 간결하며, 언뜻 들어도 마음에 와 닿는다. 도덕의 최고 원칙은 행복을 극대화하는 것, 쾌락이 고통을 넘어서도록 하여 전반적으로 조화를 이루는 것이라는 주장이다. 벤덤에 따르면 옳은 행위는 공리(功利, 유용성)를 극대화하는 모든 행위이다. 그가 말하는 '공리'란 쾌락이나 행복을 가져오고 고통을 막는 것 일체를 가리킨다. 벤덤은 다음과 같은 추론을 거쳐 자신이 주장하는 원칙에 도달한다. 우리는 모두 고통과 쾌락이라는 감정에 지배된다. 이 감정은 우리의 '통치권자'다. 이

---

2) 존 맥아더, 『복음을 부끄러워하는 교회』, 황성철 역 (서울: 생명의 말씀사, 2001), 19.

모든 행위를 지배할뿐더러 무엇을 해야 하는지도 결정한다. 옳고 그름의 기준은 '그의 주권'에 달렸다.[3]

제러미 밴덤의 주장에 의하면 사람의 감정은 인간의 통치권자로서 이 감정은 쾌락을 추구할 때 행복하다는 것입니다. 즉 인생의 궁극적 목표가 쾌락을 통한 행복에 있다는 것입니다. 그러나 쾌락을 통한 행복을 추구하다 보면 이로 인한 희생자가 생길 수 있는데, 바로 이 문제를 어떻게 할 것인가에 대한 질문이 남게 됩니다. 다수와 가진 자의 행복을 위해 소수를 희생시켜야 하는가, 아니면 희생을 당하는 사람을 위해 다수의 행복을 포기해야 하는가에 대한 질문을 던질 수 있는 것입니다. 예를 들어 그리스도인들을 많은 군중들이 밀집해 있는 로마 원형경기장에 세운 후 사자를 들여보내면 그리스도인들은 사자들의 공격에 의해 죽어갈 것입니다. 하지만 군중들은 그것을 보며 쾌락을 즐김으로 행복할 수 있다는 것입니다. 바로 여기에 딜레마가 있습니다. 즉 죽어가는 사람들 때문에 다수의 행복을 포기해야 하는가 하는 것입니다. 이와 같이 제러미 밴덤의 이론은 행복을 상대화시키는 결과를 초래합니다.

현대 그리스도인들도 이와 같은 공리주의 이론처럼 자신의 행복을 위해 소수의 희생을 즐긴다는 것입니다. 철저히 개교회의 성장에 집중하기 때문에 다른 교회 성도의 아픔을 함께 아파하는 것이 아니라 오히려 즐긴다는 것입니다. 교회 내에서도 다른 사람의 아픔을 즐깁니다. 요즘 교회를 핍박하는 사람들은 교회 밖에 있는 것이 아니라 교회 안에 있습니다.

---

3) 마이클 샌델, 『정의란 무엇인가』, 이창신 역 (파주: 김영사, 2010), 55.

즉 그리스도인들끼리 서로 고발하고 정죄합니다. 어떤 교회에 문제가 생기면 그 문제를 들추어내어 비방하는 사람들은 다름 아닌 같은 교인들이라는 것입니다. 다른 사람이 겪는 아픔을 보면서 즐깁니다. 함께 아파하고 기도해 주어야 하는데, 거꾸로 즐깁니다. 자기가 좋아하지 않는 사람이나 교인이 어려운 일을 당하면 안타까운 마음으로 기도하고 위로해 주어야 하는데, 도리어 그들의 어려움을 즐긴다는 것입니다.

이처럼 한국교회가 몸살을 앓는 데 있어서 가장 중요한 영향을 끼친 것이 물질주의, 프로이드주의, 인도주의, 공리주의라고 할 수 있습니다. 이러한 영적 병폐들이 현대교회에 끼친 영향은 심각합니다. 교회가 하나님 말씀에 의해 움직이는 것이 아니라 세상 방식에 의해 움직이는 경향이 짙어진 것입니다. 그 결과 교회의 권위는 약화되었고 그리스도인들은 복음의 능력을 상실한 졸장부와 오합지졸이 되었습니다. 마치 골리앗 앞에서 꼼짝도 못한 채 서 있는 사울왕과 다윗의 형들 그리고 이스라엘 백성들과 같다고 볼 수 있습니다.

이 모든 것들은 하나님의 뜻을 따르는 천국백성의 삶을 살기보다는 세상 기준에 의해 자신을 기쁘게 하려는 개인적인 욕망이 앞섬으로 생겨나는 것입니다.

요한일서 2:16-17은 분명히 선포합니다.

이는 세상에 있는 모든 것이 육신의 정욕과 안목의 정욕과 이생의 자랑이니 다 아버지께로부터 온 것이 아니요 세상으로부터 온 것이라

이 세상도 그 정욕도 지나가되 오직 하나님의 뜻을 행하는 자는 영원히 거하느니라.

물질주의, 쾌락주의, 인도주의, 공리주의 등에 대해 성경은 이미 간결하게 정의를 내렸습니다. 육신의 정욕, 안목의 정욕, 이생의 자랑이 그것입니다. 그것들은 모두가 세속적인 것들로 사단이 가져다주는 것들입니다. 이 모든 것들은 언젠가 다 지나갈 것입니다. 그러나 오직 하나님의 뜻을 행하는 자는 영원히 거합니다.

그러면 하나님의 뜻이 무엇입니까? 하나님이 주인이 되는 것입니다. 하나님은 주인으로서 마음대로 다스리시는데, 그분의 다스림은 사랑과 공의로 이루어지는 것입니다. 바로 하나님의 다스림 속에 하나님의 뜻이 담겨져 있습니다. 하나님은 아담의 타락 이후 죄악으로 인해 하나님을 떠난 인간들과 화목하시기 위해 먼저 손을 내미셨습니다. 바로 독생자 예수님을 이 땅에 보내주시고 십자가에서 죽게 하신 일입니다. 이 일로 인해 인간은 예수님을 영접하기만 하면 하나님과 다시 화목되어 하나님의 백성으로서 영생과 권세를 누리며 살아가게 됩니다. 이처럼 예수 그리스도를 통한 인간의 구원이 하나님의 궁극적인 뜻입니다. 또한 천국백성은 하나님 나라의 백성답게 살아야 할 의무가 있습니다. 그리고 더 나아가 하박국 2:14 "이는 물이 바다를 덮음같이 여호와의 영광을 인정하는 것이 세상에 가득함이니라"는 말씀처럼 하나님의 영광이 온 땅에 가득하고 예수님의 이름이 온 세상에 전파되는 것이 하나님의 뜻입니다. 하나님이 택하신 거룩한 백성들은 예수님의 재림을 사모하며 살아갑니다. 그러므로 천국백성들의 삶의 최종목표는 하나님을 영화롭게 해드리고 하나님께 모든 영광을 올려드리는 것이 하나님의 뜻입니다.

하나님은 그리스도인들이 천국백성답게 살기를 원하십니다. 천국백성의 삶은 하나님을 주인으로, 예수님을 구세주로, 성령님을 보혜사로 모시고 사는 삶입니다. 또한 하나님의 뜻과 계획에 순종하는 삶입니다. 따라서 그리스도인은 천국백성의 기준에 맞게 살아가야 합니다.

예수님은 천국백성의 기준을 여덟 가지로 말씀하셨습니다. 이른바 '팔복'이 그것입니다.

그리스도인은 천국백성입니다. 천국백성은 천국백성답게 살아야 합니다. 예수님은 여덟 가지 복을 통해 천국백성의 모습과 삶을 가르치신 것입니다. 진정 복있는 사람이 어떤 사람인지를 예수님은 분명하게 보여주셨습니다.

제1부

복이란 무엇인가?

Eight Steps For Living As God's People

제 1 장

복에 대한 관점

복에 대한 관점은 다음과 같습니다.

1. 동양과 서양의 관점

사람들은 복 받기를 사모합니다. 그래서인지 옛날에는 숟가락에도 '복', 이불에도 '복', 문에도 '복'자를 새겨 넣었습니다. 새해에는 한복을 입고 '복'주머니를 매달았습니다. 이러한 모습은 비단 한국만 그런 것이 아닙니다. 동서양을 막론하여 모든 사람들이 복을 받기를 좋아합니다.

먼저 동서양의 복에 대한 개념을 살펴본 후, 복에 대한 현대인들이 생각을 살펴보겠습니다.

동양의 복 개념을 가장 잘 말한 것은 儒學(유학)의 경전인 『書經』(서경), 『周書』(주서), 『洪範』(홍범)입니다. 여기에서는 다섯 가지 복에 대해 다음과 같이 말하고 있습니다.

1) 수(壽) : 오래 사는 것
2) 부(富) : 남에게 손해를 끼치지 않고 불편하지 않을 만큼 물질적으로 넉넉하게 사는 것
3) 강령(康寧) : '강'은 육체의 건강, '령'은 마음의 건강으로 몸과 마음이 건강하고 편안한 것
4) 유호덕(攸好德) : 덕을 좋아하여 남에게 좋은 일을 하는 것
5) 고종명(考終命) : 제 명대로 살다가 고통 없이 편히 죽는 것

또 다른 오복은 이렇습니다.
1) 좋은 부모에게서 태어나는 복
2) 재물 복
3) 처복 또는 남편 복
4) 살만큼 살고 고통 없이 모든 가족 앞에서 눈을 감는 복
5) 오래 사는 복

우스갯 소리입니다만 어느 초등학생이 말하는 이런 오복도 있습니다.
1) 초복
2) 중복

3) 말복

4) 8·15 광복

5) 9·28 서울 수복

요즘 젊은 사람들의 복에 대한 관점이 어떤지 아십니까? 서울 모 여자대학교에서는 "오복에 하나를 더해 육복으로 한다면 무엇으로 하겠는가"였습니다. 각양각색의 의견이 나왔습니다. 출세하는 것? 배우자나 애인을 잘 만나는 것? 자식을 많이 낳는 것? 이것들은 더욱 아니었습니다. 그렇다면 요즘 젊은이들이 가장 바라는 육복은 과연 무엇일까요? 여러 답들 가운데 세상을 몹시 놀라게 할 답이 있었습니다. 바로 "조실부모", 즉 "부모는 돈만 남겨 놓고 빨리 죽어라"하는 것이었습니다. 어이가 없는 대답입니다만 현대사회가 얼마나 돈을 좋아하는지를 알 만한 내용입니다.

이처럼 동양적 복의 개념은 땅의 것에 국한되어 있습니다. 반면 서양은 전통적으로 복의 개념을 기독교적인 배경에서 찾습니다. 영어권 국가들은 복이란 단어를 많이 사용합니다. 가장 대표적인 표현이 "God bless you"입니다. 미국 대통령이 취임연설을 할 때 마지막에 빠뜨리지 않고 꼭 하는 말 역시 이것입니다. "God bless America." "God bless you."

서양의 복 개념에서는 성경적 가치관을 발견할 수가 있습니다. 복의 근원이 하나님이라는 것입니다. 복이란 하나님이 주셔야 얻을 수 있다는 것입니다. 이것은 하나님을 알고 그분 앞에서 합당한 삶을 살 때 복이 주어진다는 의미로도 이해할 수 있습니다.

데이비드 S. 랜즈는 그의 저서 『국가의 부와 빈곤』이라는 책에서 역사적으로 서양이 번성할 수 있는 요인에 대해 다음과 같이 말하고 있습니다.

> 유대교·기독교는 손으로 하는 노동을 존중한다…유대교·기독교는 자연이 인간에게 종속되어 있다고 본다. 이런 생각은 모든 나무와 시내에 신성이 깃들여 있다고 보는 물활론적인 믿음이나 관습으로부터 극명하게 이탈한 견해이다(그리스 로마 신화에 나오는 나이아드[naiad, 물의 요정-역주]와 드리아드[dryad, 나무와 숲의 요정-역주]) 등이 물활론적 믿음의 대표적 예다). 오늘날 생태학자들은 그러한 물활론적 믿음이 그것을 대체한 신앙보다 오히려 바람직하다고 생각할지 모르지만, 기독교 세계인 유럽에서는 이교도의 자연숭배에 귀를 기울이는 사람이 없었다. 유대교-기독교는 직선의 시간관념을 가지고 있다. 다른 사회에서는 시간을(처음 단계로 돌아가서 다시 시작되는) 순환적 개념으로 인식했다. 직선적 시간관념은 진보 아니면 퇴보, 보다 나은 상태로 옮겨가거나 이전의 행복한 상태에서 후퇴하는 것이다. 우리가 현재 논하고 있는 시대의 유럽인 사이에는 진보적 시각이 우세했다.[4]

이 지적은 대단히 중요합니다. 바로 복의 근원이 누구인가를 역사적으로 증명한 것이기 때문입니다. 동양이나 그리스로마 신화에서는 나무나 물, 동물 그리고 인간이 상상해 낸 요정 등에 신성이 깃들여 있다는 물활론적 사고를 가짐으로 샤머니즘 신앙을 갖고 있습니다. 그러나 서양은 하나님이 인간에게 다스리는 복을 주셨기 때문에 복은 하나님으로부터 나온다는 기독교적 가치관을 가지고 있었습니다. 여기에서 어떤 잘못된 사

---

[4] 데이비드 S. 랜즈, 『국가의 부와 빈곤』, 안진환·최소영 역 (서울: 한국경제신문, 2009), 111-112

람들은 착취와 억압 등의 방법으로 다스리려고 했습니다. 그런 반면 어떤 사람들에게는 인간과 인간, 인간과 자연이 더불어 살아야 한다는 가치관 속에서 자연을 보호하고 약자를 돕는 자기희생과 나눔, 기부문화 등이 자연스럽게 형성되었습니다. 이처럼 랜즈 박사는 서양의 발전과 번영을 기독교적 가치관으로 보았습니다. 동양은 복을 주는 대상을 산, 나무, 돌에서 그리고 사람이 만든 어떤 형상에서 찾았습니다. 그러나 인간보다 하등하고 미물인 이러한 것은 인간에게 결코 복을 줄 수 없습니다. 복을 줄 수 없는 것에 복을 비는 것은 도리어 복을 가로막는 결과를 낳았습니다.

2. 성경의 관점

성경은 모든 복이 하나님으로부터 비롯된다고 말합니다. 즉 하나님이 복의 근원이시라는 말씀입니다. 이는 하나님이 인간을 창조하신 후 하신 다음의 말씀에서부터 시작됩니다.

> **창세기 1:27-28** 하나님이 자기 형상 곧 하나님의 형상대로 사람을 창조하시되 남자와 여자를 창조하시고 하나님이 그들에게 복을 주시며 하나님이 그들에게 이르시되 생육하고 번성하여 땅에 충만하라 땅을 정복하라 바다의 물고기와 하늘의 새와 땅에 움직이는 모든 생물을 다스리라 하시니라.

하나님께서 인간을 창조하신 후 심히 기뻐하시고 복을 주셨습니다. 만물에게 종속된 것이 아니라 만물을 다스리라고 말씀하셨습니다. 즉 하나님이 만드신 세계에서 생육하고 번성하고 충만하여 하나님이 주시는 복을 누리며 살라는 것입니다. 여기에는 창조질서가 있습니다. 하나님은 창조주요 인간은 피조물입니다. 하나님은 인간에게 자연을 다스리도록 했습니다. 사람이 복을 누리며 살기 위해서는 창조주이신 하나님을 기억하고 그분의 창조질서를 따라 살아가야만 했습니다. 따라서 인간이 다스려야 하는 다른 피조물들에 신성을 부여하는 물활론적 사고는 성경과 정반대되는 사고가 아닐 수 없습니다. 하나님은 사람을 지으시고 복을 주셨습니다. 하나님이 복의 근원이십니다.

하나님께서 예수 그리스도의 성육신을 위해 한 민족을 세우시려고 아브라함을 부르실 때 다음과 같은 약속을 주셨습니다.

> **창세기 12:1-2** 여호와께서 아브라함에게 이르시되 너는 너의 고향과 친척과 아버지의 집을 떠나 내가 네게 보여줄 땅으로 가라 내가 너로 큰 민족을 이루고 네게 복을 주어 네 이름을 창대하게 하리니 너는 복이 될지라 너를 축복하는 자에게는 내가 복을 내리고 너를 저주하는 자들에게는 내가 저주하리니 땅의 모든 족속이 너로 말미암아 복을 얻을 것이라 하신지라.

하나님은 아브라함을 부르실 때에 그가 복있는 사람이 될 것이라고 약속하셨습니다. 아브라함은 이 약속을 굳게 믿고 순종하여 하나님께서 지시하신 땅으로 이민을 갔습니다. 그리고 그곳에서 하나의 민족을 형성하였습니다.

그 후에도 하나님은 자신의 백성들에게 복을 주실 것을 약속하셨습니다. 하나님의 살아계심을 믿고 하나님께 나아가 하나님을 찾는 자에게 하나님이 상주심을 믿고 사는 복있는 사람이 될 것을 요구하셨습니다.

> **히브리서 11:6** 믿음이 없이는 하나님을 기쁘시게 하지 못하나니 하나님께 나아가는 자는 반드시 그가 계신 것과 또한 그가 자기를 찾는 자들에게 상 주시는 이심을 믿어야 할찌니라.

그런데 문제는 인간은 이 창조질서를 무너뜨림으로 하나님이 주시는 복으로부터 멀어졌다는 것입니다. 하나님이 첫 번째 사람인 아담에게 복을 주셨습니다. 세상을 다스리는 권세까지도 주셨습니다. 아담은 이처럼 하나님으로부터 엄청난 복을 받았습니다. 그러나 그는 복을 저주로 바꾸었습니다. 이로 인해 인간은 죄인이 되었고 하나님의 형상을 잃어버렸습니다. 하나님의 성품을 상실했습니다. 인간은 스스로 하나님의 은혜로부터 멀어졌습니다. 결국 인간은 죄의 지배를 받으며 사단의 권세 아래 놓이게 되었습니다. 불행의 나락으로 떨어지게 된 것입니다.

하나님은 이렇게 불행해진 인간들을 위해 이스라엘 민족을 택하셨습니다. 그리고 그들에게 율법을 주셨습니다. 이 율법을 지킴으로 하나님을 사랑하고 경외하고 섬김으로 하나님과의 관계가 회복되고 정상화될 때에 하나님은 인간에게 복을 주시겠다고 약속하셨습니다.

이러한 약속들이 신명기에 많이 나옵니다.

신명기 1:11 너희 조상의 하나님 여호와께서 너희를 현재보다 천 배나 많게 하시며 너희에게 허락하신 것과 같이 너희에게 복 주시기를 원하노라

신명기 5:29 다만 그들이 항상 이 같은 마음을 품어 나를 경외하며 내 모든 명령을 지켜서 그들과 그 자손들이 영원히 복 받기를 원하노라

신명기 6:3 이스라엘아 듣고 삼가 그것을 행하라 그리하면 네가 복을 받고 네 조상들의 하나님 여호와께서 네게 허락하심과 같이 젖과 꿀이 흐르는 땅에서 네가 크게 번성하리라

신명기 7:12-14 너희가 이 모든 법도를 듣고 지켜 행하면 네 하나님 여호와께서 네 조상들에게 맹세하신 언약을 지켜 네게 인애를 베푸실 것이라 곧 너를 사랑하시고 복을 주사 너를 번성하게 하시되 네게 주리라고 네 조상들에게 맹세하신 땅에서 네 소생에게 은혜를 베푸시며 네 토지 소산과 곡식과 포도주와 기름을 풍성하게 하시고 네 소와 양을 번식하게 하시리니 네가 복을 받음이 만민보다 훨씬 더하여 너희 중의 남녀와 너희의 짐승의 암수에 생육하지 못함이 없을 것이며

신명기 10:13 내가 오늘 네 행복을 위하여 네게 명하는 여호와의 명령과 규례를 지킬 것이 아니냐

신명기 28:1-2 네가 네 하나님 여호와의 말씀을 삼가 듣고 내가 오늘 네게 명령하는 그의 모든 명령을 지켜 행하면 네 하나님 여호와께서 너를 세계 모든 민족 위에 뛰어나게 하실 것이라 네가 네 하나님 여호와의 말씀을 청종하면 이 모든 복이 네게 임하며 네게 이르리니

하나님은 당신의 백성들에게 복 주시기를 원하십니다. 조건이 있다면

하나님의 말씀을 듣고 지켜 행하는 것입니다. 이 복은 땅에서 잘되는 복을 포함하고 있습니다.

그런데 문제는 이스라엘 백성들이 율법을 지키지 못했습니다. 그들은 스스로 하나님을 멀리했습니다. 하나님의 말씀을 듣지만 지켜 행하지를 않았습니다. 하나님을 경외하고 섬기는 것이 마땅했지만 그들은 우상을 따랐습니다. 그들은 매를 벌었습니다.

복의 근원이신 하나님은 하나님의 백성들이 행복하기를 원하셨습니다. 그래서 기회를 주셨습니다. 선지자들을 세우셔서 하나님께로 돌아올 것을 선포케 하신 것입니다. 그러나 이스라엘 백성들은 거부했습니다. 결국 이들은 죄의 웅덩이에 깊이 빠져 허우적거리며 죽어가면서도 하나님을 찾지 않았습니다. 하나님으로부터 멀어진 이스라엘 민족은 불행해졌습니다. 그래서 그들은 하나님의 징계로 나라가 망하고 포로생활을 해야만 했습니다. 하나님은 그들이 돌아오기를 원하셨습니다. 그들이 돌아오면 하나님은 그들을 용서하시고 회복시키시고 구원과 복을 주실 것을 약속하셨지만 그들은 끝내 돌아오지 않았습니다. 구약은 이렇게 끝이 납니다. 복으로 시작했지만 저주와 어둠과 불행으로 끝이 났습니다. 하나님은 창조 후에 심히 기뻐하시고 인간에게 복을 주셨지만 인간은 하나님을 떠남으로 하나님의 근심이 되었을 뿐만 아니라 불행해졌습니다.

그러나 하나님은 피조물인 인간을 포기하지 않으셨습니다. 최후의 방법으로 아들이신 예수님을 이 세상에 보내셨습니다. 아들이신 예수님을 보내신 목적은 하나님을 떠나 죄를 범함으로 저주를 받고 불행해진 인간을 구원하여 하나님께로 다시 가까이 오게 하심으로 저주를 복으로 바꾸기 위함이었습니다. 예수님은 죄인을 살리는 분이십니다. 예수님은 저주 아래 놓여 있는 인간을 하나님의 생명과 은혜와 복에 참여하도록 길을 열어 놓으신 분이십니다. 예수님의 희생은 하나님으로부터 멀어져 구제불능의 상태에 놓인 인간의 죄를 사하시고 용서하심으로 새사람을 만들어 인간과 하나님과의 관계를 회복시킴으로써 인간을 다시 복있는 인생으로 바꾸어 놓았습니다. 즉 인간은 예수님 때문에 행복한 사람이 되었습니다.

이처럼 하나님은 아들이신 예수님으로 말미암아 저주받은 죄인들을 복있는 사람으로 바꾸어 놓으십니다. 따라서 예수님을 영접하고 그분의 가르침을 따를 때 인간은 행복해집니다.

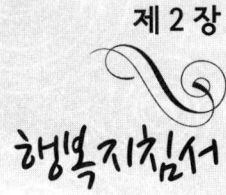

제 2 장
행복지침서

    저는 한국에서 운전면허증을 취득했으나 한국에서는 운전을 해보지 않았습니다. 처음 도로운전은 미국에서 했습니다. 운전면허증만 소지하고 있었지 도로운전은 할 줄 몰랐습니다. 참 고맙게도 친절하신 어느 목사님의 지도를 받아 운전연습을 한 후 미국에서 면허증을 취득했습니다. 그런데 앞으로만 갈 줄 알았지 자동차에 대해서는 아무것도 몰랐습니다. 어느 날 학교 수업을 마치고 오는 길에 차가 멈춰 섰습니다. 시동을 다시 걸어 보았지만 차는 꼼짝도 하지 않았습니다. 처음 겪는 일이라 무척 당황했습니다. 아는 분에게 연락을 했고, 얼마 되지 않아 견인차가 와서 차를 끌고 정비소로 갔습니다. 원인은 스타팅모터에 있었습니다. 돈을 주고 수리를 했습니다. 그런데 얼마 지나지 않아 또 다시 차가 고장이 났습니다. 이번에는 엔진 부분에서 불이 난 것이었습니다. 너무 놀라서 차에서 내려 다시 정비소에 연락을 했습니다. 차를 살펴보던 정비소 사장님이 어이없다는 듯이 웃었습니다. 라디에이터에 물이 없었던 것이었습니다. 저는 라디에이터가 무엇인지도 몰랐습니다. 기본적인 관리방법조차 몰랐고 다시 돈을 들여서 수리를 해야만 했습니다. 그 후 타이어 문제를 포함한 몇 번의 어려움을 더 겪으면서 차에 대해 기본적인 지식을 배우게 되었습니다. 당시 자동차 매뉴얼은 큰 도움이 되었습니다. 모를 때는 사람들에게 물어보기도 했습니다. 이런 과정을 통해 기본적인 차량관리사항들을 알게 되었습니다. 그리고 그 뒤로는 엔진오일 같은 소모품을 교환하는 일 외에는 수리비가 지출되지 않았습니다. 자동차 매뉴얼을 보면서 차의 구조와 함께 기본적인 차량관리지식을 알고 자동차를 정기적으로 체크하기 시작한 후로는 자동차를 편안하고 안전하게 운전할 수 있었습니다.

우리의 인생도 마찬가지입니다. 살기는 사는데, 늘 고장난 인생을 사는 사람이 있는 반면, 평안하고 형통한 인생을 사는 복된 사람도 있습니다. 그 차이는 인생의 매뉴얼이 있느냐 없느냐에 있습니다. 뿐만 아니라 인생 매뉴얼을 알고 있느냐 알지 못하느냐, 나아가 인생 매뉴얼을 지키느냐 안 지키느냐에 있는 것입니다.

예수님이 산에 오르셔서 가르치신 말씀인 마태복음 5-7장을 산상수훈 또는 산상설교라고 일컫습니다. 이 말씀은 하나님의 백성된 사람들이 어떻게 살아가야 하는지를 가르쳐 줍니다. 즉 천국백성의 윤리입니다. 예수님은 새 언약의 성취자로서 새 언약의 백성들에게 높은 영적 원리들을 요구하십니다. 새 언약의 백성은 예수 그리스도로 말미암아 구원받은 자들로서 하나님 나라의 백성이라고 불립니다. 산상수훈은 하나님 나라의 백성이 살아가야 할 영적 규범들을 제시하고 있습니다. 하나님의 백성은 하나님 나라의 법을 준수해야 할 의무가 있습니다. 이 의무는 하나님 나라의 백성을 속박하는 것이 아니라 자유함 속에 진정한 행복을 가져다줍니다. 따라서 천국백성의 윤리, 천국백성의 영적 규범은 인간을 행복하게 하는 '행복지침서'라고 할 수 있습니다. 예수님은 산상수훈 첫 부분에서 이 '행복지침서'를 말씀하셨습니다. 이 지침서에 충실한 사람은 영원한 행복을 누리게 됩니다.

그런데 이 좋은 행복을 누리기는 원하지만 예수님의 가르침이 상당히 부담스럽다는 것이 문제입니다. 이유는 이렇습니다. 첫째로 예수께서 가르쳐주신 삶의 방식은 세상의 방식과는 정반대이기 때문입니다. 사람이 이제까지 살아왔던 길과는 반대로 유턴해서 간다는 것은 쉬운 결정이 아닙니다. 둘째로 자신이 좋아하는 것을 버리고 포기해야 할 것이 있기 때문입니다. 사람은 습관적으로 행하고 좋아하는 것이 있습니다. 그런데 성경은 이를 금합니다. 예수님의 말씀에서도 사람이 지켜야 할 도리와 그렇지 않은 것을 분명히 말씀하고 있습니다. 셋째로 높은 윤리와 헌신을 요구하기 때문입니다. 이 윤리는 영적, 도덕적, 윤리적, 사회적 책임을 강조합니다. 따라서 예수님의 가르침은 분명히 좋은 것이지만 이러한 이유들로 인해 부담스러운 것입니다. 그렇다고 예수님의 가르침을 포기할 수는 없습니다. 이 가르침을 포기하면 영원한 행복을 상실하여 고통이 따르기 때문입니다.

몸에 이상이 생기면 병원에서 의사의 진단을 받습니다. 그 다음 치료를 위해 복용해야 할 약과 함께 조심해야 할 것과 지켜야 할 것 등을 처방받습니다. 이 처방은 사람이 지키기 어려운 것이 아니라 누구나 지킬 수 있는 것들입니다. 건강한 삶을 위해서는 의사의 처방을 따라야 합니다. 만약 의사의 처방을 따르지 않고 자기 마음대로 하면 결국 병을 키워 더 좋지 않은 상황으로 치달을 수 있습니다.

산상수훈은 예수님이 인간을 영적으로 건강하게 하시고 영원한 행복을 누리게 하기 위한 지침서, 즉 '행복지침서'입니다. 이 행복지침서는 마치 보약과 같아서 인간을 영적으로 건강하게 만들어줍니다. 이 행복지침서가 지키기 어려운 것으로 생각될 수 있으나 그렇다고 예수께서 사람이 지킬 수 없는 것을 말씀하신 것은 아닙니다. 사람이 지킬 수 있는 것을 가르치셨습니다. 사람은 이 가르침을 따를 때 영원히 행복하게 살 수 있습니다.

산상수훈 중에서 가장 먼저 나오는 내용이 팔복입니다. 팔복은 행복지침서의 뼈대입니다. 이 뼈대를 잘 갖춘 사람이 복있는 사람입니다. 행복지침서의 골격을 이루는 팔복은 사람을 복있는 사람으로 바꾸어 갑니다. 이 행복지침서에 나오는 내용대로 변화되어 사는 사람은 영원히 복있는 사람이 됩니다.

제 3 장
복이란 무엇인가?

　일반적으로 사람들이 생각하는 행복과 불행에 대한 기준은 세 가지 개념에서 옵니다. 첫째는 소유 개념입니다. 재산이나 명예, 권력, 학력 등을 소유할수록 행복하다는 것입니다. 둘째는 성취 개념입니다. 자신이 목표한 바를 이루면 행복하다고 여깁니다. 집을 장만하기를 원했는데, 이루어졌으니 행복합니다. 지위를 원했는데, 이루어졌으면 행복합니다. 셋째는 비교개념입니다. 다른 사람과 비교해서 더 많이 소유하고 더 우월하다고 판단되면 행복합니다. 그래서 집 평수를 비교하고 자동차의 배기량을 비교하며 행복해지기도 하고 불행해지기도 합니다. 이처럼 사람은 눈에 보이는 어떤 성과나 소유에 의해 행복과 불행이 결정됩니다.
　그러면 복의 진정성은 무엇일까요? 복이 무엇인지를 설명하기에 앞서 인간에게 왜 불행이 찾아왔는지 그 원인을 살펴보겠습니다.

1. 불행의 원인

인간의 불행은 하나님과의 소통 단절에서 시작되었습니다.

보이스 컨설턴트의 김창옥은 『소통형 인간』이라는 책을 썼는데, 이 책의 표지에 "소통하지 못하면 고통이 따른다"고 했습니다. 사람은 더불어 살아갑니다. 더불어 살아감에 있어서 소통은 대단히 중요합니다. 소통이 된다는 것은 서로 간에 대화가 통한다는 것입니다. 신체도 소통이 잘 되어야 합니다. 혈관이 막히면 질병이 생깁니다. 피도 잘 통해야 건강합니다. 수돗물도 수도관이 막히면 공급받을 수 없습니다. 가정에서 문제가 발생하는 요인도 가족 간에 소통이 안 되기 때문입니다. 대화가 안 되면 서로 부딪힙니다. 그러면 서로의 관계가 단절됩니다. 집이 행복하고 좋은 곳이 되어야 하는데, 그렇지 못합니다. 그래서 사람들은 집을 '이놈의 집구석'이라고까지 합니다. 소통이 잘 안 되면 가족들이 힘듭니다. 부부 간에 소통이 잘 되어야 가정이 평안합니다. 부모와 자식은 소통이 되어야 평안합니다. 항상 모든 것이 일방적일 때 문제가 발생합니다. 가족을 뜻하는 영어 단어인 'family'를 이렇게 해석하기도 합니다. "father and mother, I love you."[5] 이 해석처럼 가정이 사랑이 넘치는 행복한 공간이 될 수도 있고 들어가기 싫은 삭막한 공간이 될 수도 있습니다. 소통, 즉 대화가 있느냐 없느냐의 차이입니다.

소통은 이처럼 소중합니다. 그런데 가장 심각한 소통의 부재는 영적 소통의 부재입니다. 다시 말하면 하나님과의 소통이 부재입니다. 하나님과

---
5) 김창옥, 『소통형 인간』 (서울: 아리샘, 2009), 29.

의 관계가 꽉 막힌 관계인가 아니면 잘 통하는 관계인가에 따라 인간은 행복해지기도 하고 불행해지기도 합니다.

하나님과의 관계가 막히면, 다시 말해 하나님과의 영적인 소통의 부재 현상이 나타나면 성경은 하나님의 영광이 떠났다고 말합니다. 하나님의 영광이 떠났다는 것은 인간이 하나님의 임재와 은혜를 경험하지 못하는 상태에 놓여 있다는 뜻입니다. 이러한 상태는 하나님이 주시는 생명의 양식을 공급받지 못하는 상태입니다. 그렇기 때문에 인간은 살았다 하는 이름은 가졌으나 실상은 죽은 상태에서 살아가게 되는 것입니다. 하나님의 영광이 떠나면 영혼이 황폐해집니다. 황폐해진 땅에서는 열매를 거둘 수가 없듯이 황폐한 심령에서 하나님의 주시는 복의 열매를 거둘 수가 없습니다.

에스겔은 제사장 가문에서 태어난 제사장이요, 선지자였습니다. 그가 활동하던 당시의 역사적 상황은 바벨론 왕 느부갓네살의 침입으로 인해 나라가 엄청난 피해를 입고 있는 때였습니다. 여호야긴왕과 백성들이 바벨론에 포로로 끌려가는 역사적으로 매우 불행한 시기였습니다. 이때 에스겔도 포로로 끌려가 바벨론에서 선지자로 활동했습니다.

이때의 영적 상황에 대해 이렇게 말합니다.

에스겔 8:6 그가 또 내게 이르시되 인자야 이스라엘 족속이 행하는 일을 보느냐 그들이 여기에서 크게 가증한 일을 행하여 나로 내 성소를 멀리 떠나게 하느니라 너는 다시 다른 큰 가증한 일을 보리라 하시더라.

이스라엘 백성들이 하나님을 떠나 악행을 일삼자, 하나님은 성소를 멀리 떠나셨습니다. 에스겔 10:10에서는 "여호와의 영광이 성전 문지방을 떠나서 그룹 위에 머무르니"라고 했습니다. 하나님과의 소통의 부재는 인간의 책임입니다. 하나님은 늘 인간을 가까이 하시지만 인간은 하나님의 손길을 뿌리치고 하나님을 거역하므로 하나님의 영광이 떠나는 것입니다. 하나님의 영광이 떠나면 하나님의 은혜가 떠납니다. 하나님의 영광이 떠나면 하나님의 말씀의 능력이 나타나지 않습니다. 하나님의 영광이 떠나면 사람들은 자기 마음대로 살아가기 때문에 더 깊은 수렁과 웅덩이로 빠져 들어갑니다.

그렇다면 하나님의 영광이 떠나는 원인은 무엇입니까? 죄 때문입니다. 로마서 3:23에서 그 답을 정확히 제시합니다.

> 모든 사람이 죄를 범하였으매 하나님의 영광에 이르지 못하더니.

죄는 하나님과 인간의 관계를 깨뜨려서 하나님의 영광이 떠나가게 합니다. 죄는 인간으로 하여금 하나님과의 소통을 단절시킴으로써 하나님이 주시는 생명의 양식을 인간이 섭취하지 못하게 하여 인간을 병들고 황폐하게 만듭니다.

죄는 하나님을 등지는 것입니다. 하나님을 향해 바로 서야 하는데, 등지고 서 있는 것입니다. 얼굴이 하나님께로 향하여야 하는데, 얼굴을 돌리고 있으니 하나님과 등진 상태가 되는 것입니다. 왜 등집니까? 하나님을 마주 보면 죄를 마음대로 지을 수 없기 때문입니다. 그리고 전능자요,

초월자이신 하나님의 뜻을 따르지 않고 자기 마음대로 살겠다는 생각의 표현으로 등을 집니다. 싫은 사람의 얼굴을 안 보려고 등을 돌리듯이 인간을 하나님을 안 보려고 등을 돌립니다. 이것이 죄입니다. 이로 인해 하나님과의 소통이 되지 않으므로 인간은 불행해집니다.

그러면 이스라엘 백성들이 어떤 죄를 지었습니까?

첫째로 영적인 죄를 지었습니다.

하나님께 예배를 드리면서 동시에 우상을 숭배했습니다. 그러면서 남을 판단하기에 급급했습니다. 로마서 2장은 유대인들의 영적 죄를 지적합니다.

> **로마서 2:1** 그러므로 남을 판단하는 사람아.

남을 판단하는 것은 스스로 정죄하는 것입니다. 이것이 얼마나 위험한 일입니까! 로마서 2:2-3은 말합니다.

> 이런 일을 행하는 자에게 하나님의 심판이 진리대로 되는 줄 우리가 아노라 이런 일을 행하는 자를 판단하고도 같은 일을 행하는 사람아 네가 하나님의 심판을 피할 줄 아느냐.

남을 판단하는 것은 자신이 하나님처럼 행하는 것입니다. 남을 판단하는 것은 믿는 자들의 영적 교만입니다.

또 다른 영적 죄는 완악함과 회개치 아니하는 고집입니다.

로마서 2:5 다만 네 고집과 회개하지 아니한 마음을 따라 진노의 날 곧 하나님의 의로우신 심판이 나타나는 그날에 임할 진노를 네게 쌓는도다.

자녀를 키우다 보면 그들이 잘못할 때가 있습니다. 부모는 잘못을 지적하면서 타이르는데, 자녀는 잘못을 인정하지 않고 끝까지 자기 고집을 꺾지 않습니다. 그러면 매를 벌게 됩니다. 타일러서 안 되면 부모는 매를 듭니다. 그렇게 해서라도 자녀를 바로잡고자 합니다. 자녀는 잘못했으면 잘못했다고 인정해야 합니다. 끝까지 고집을 부리고 회개하지 않으면 심판을 자초하는 것입니다. 죄를 지은 인간이 하나님께 회개하지 않고 끝까지 자기 고집을 부린다면 하나님으로부터 매를 버는 것입니다.

이스라엘 백성들은 하나님을 알면서도 순종하지 않고 말씀을 거역함으로써 하나님께 등을 돌렸습니다. 하나님도 그들의 죄를 더 이상 보실 수가 없으셔서 얼굴을 돌리셨습니다. 이렇듯 죄로 인해 이스라엘 백성들은 불행해졌습니다.

둘째로 인격적 죄를 지었습니다. 이 죄는 시기, 이간, 비난, 미움 등의 죄를 말합니다. 이 죄로 인해 이스라엘은 갈등과 분열 속에 빠졌습니다. 이 죄는 한마디로 말하면 서로 사랑하지 않는 죄입니다. 하나님은 서로 사랑하며 살기를 원하십니다. 그러나 이스라엘 백성들은 그 반대로 살았습니다.

셋째로 도덕적 죄를 지었습니다. 이스라엘 백성들은 하나님께 제사는 드렸지만 삶에서는 윤리가 무너졌습니다. 이중적인 삶을 살았습니다. 하나님의 거룩함을 드러내지 못했습니다. 이스라엘 백성들의 상태는 영적 도덕적으로 엉망진창이었습니다. 예배는 형식이 되었고 마음은 거짓으로 물들어 있었으며 도덕성은 무너져 내렸습니다.

하나님은 이러한 것들을 싫어하시기 때문에 이들 가운데 임재하실 수가 없었습니다. 그러므로 하나님의 영광이 이스라엘 백성들에게서 떠났습니다. 하나님의 영광이 떠나니 기도가 막혔습니다. 기도가 막히니 하나님의 은혜가 메말랐습니다. 결국 이스라엘 백성들의 삶은 황폐화되었습니다.

이렇게 된 모든 원인은 하나님과의 소통의 부재에 있었습니다. 하나님과의 소통의 부재는 하나님의 영광과 은혜와의 단절로 이어졌습니다. 삶에는 사랑이 없어지고 의의 길을 외면하고, 하나님께 불순종하는 모습이 나타납니다. 기도하면서 하나님께 불평과 원망을 늘어놓습니다. 사람과의 수평적 관계에서는 미움과 분노가 있습니다. 이처럼 하나님과의 관계가 정상적이지 못하기 때문에 모든 면에서 막히고 체하여 아픔을 겪습니다. 죄로 인한 고통을 겪습니다. 그러므로 인간은 불행해집니다.

반면 하나님의 영광이 충만하다는 것은 하나님의 은혜가 충만한 상태요, 영적 즐거움과 감사가 충만한 상태입니다. 따라서 하나님과의 관계가 좋은 사람, 즉 영적 소통이 잘되는 사람은 하나님의 영광이 충만한 삶, 은혜가 충만한 삶, 열매가 풍성한 삶, 감사가 넘치는 삶을 살아가게 됩니다. 이러한 삶이 복있는 삶입니다.

2. 구약에서 말하는 복

이미 언급했듯이 복의 근원은 하나님이십니다. 그렇다면 구약에서는 복에 대해 어떻게 말하고 있는지를 살펴보겠습니다.

1) 하나님과 정상적인 관계의 복

이 점에 대해서는 시편을 중심으로 살펴봅니다. 그 이유는 하나님을 향한 인간의 고백이 그 속에 담겨져 있기 때문입니다. 시편은 복으로 시작하여 복을 누리는 사람들의 하나님을 향한 아름답고 솔직한 고백들입니다. 그리고 하나님을 향한 인간의 간구와 함께 하나님의 도우심을 바라며 하나님이 민족과 자신들의 삶에 복을 주시기를 사모하고 있습니다. 이 말은 하나님이 복의 근원이심을 선언하고 있다는 것입니다.

특히 시편은 "복있는 사람"으로 시작합니다.

> **시편 1:1-6** 복있는 사람은 악인들의 꾀를 따르지 아니하며 죄인들의 길에 서지 아니하며 오만한 자들의 자리에 앉지 아니하고 오직 여호와의 율법을 즐거워하여 그의 율법을 주야로 묵상하는도다 그는 시냇가에 심은 나무가 철을 따라 열매를 맺으며 그 잎사귀가 마르지 아니함 같으니 그가 하는 모든 일이 다 형통하리로다 악인들은 그렇지 않음이여 오직 바람에 나는 겨와 같도다 그러므로 악인들은 심판을 견디지 못하며 죄인들이 의인들의 모임에 들지 못하리로다 무릇 의인은 길은 여호와께서 인정하시나 악인들의 길은 망하리로다.

위 말씀에서 복있는 사람은 하나님과 밀접한 관계가 있는 사람, 즉 하나님의 말씀을 사랑하고 그 말씀에 순종하여 의의 길을 가는 사람으로서, 이러한 사람에게는 열매와 형통이 주어집니다.

그리고 시인들은 하나님이 주시는 복을 사모하며 복을 주시는 분은 오직 하나님이심을 고백합니다.

시편 3:8 구원은 여호와께 있사오니 주의 복을 주의 백성에게 내리소서.

시편 66:1, 6-7 하나님은 우리에게 은혜를 베푸사 복을 주시고 그의 얼굴 빛을 우리에게 비추사…땅이 그의 소산을 내어 주었으니 하나님 곧 우리 하나님이 우리에게 복을 주시리로다 하나님이 우리에게 복을 주시니 땅의 모든 끝이 하나님을 경외하리로다.

시편 73:28 하나님께 가까이 함이 내게 복이라 내가 주 여호와를 나의 피난처로 삼아 주의 모든 행적을 전파하리이다.

시편 84:12 만군의 여호와여 주께 의지하는 자는 복이 있나이다.

시편 119:1-2 행위가 온전하여 여호와의 율법을 따라 행하는 자들은 복이 있음이여 여호와의 증거들을 지키고 전심으로 여호와를 구하는 자는 복이 있도다.

시편 144:15 이러한 백성은 복이 있나니 여호와를 자기 하나님으로 삼는 백성은 복이 있도다.

하나님은 인간이 행복하기를 원하십니다. 그러나 이 행복은 하나님과의 관계에서 시작됩니다.

2) 하늘의 복과 땅의 복

야곱이 요셉에게 축복기도하는 내용에서 볼 수 있듯이 하늘의 복도 있고 땅의 복도 있습니다.

창세기 49:25 네 아버지 하나님께로 말미암나니 그가 너를 도우실 것이요 전능자로 말미암나니 그가 네게 복을 주실 것이라 위로 하늘의 복과 아래로 깊은 샘의 복과 젖먹이는 복과 태의 복이로다.

3) 형통의 복

일흔이 넘으신 어느 할머니가 한 달 넘도록 속이 답답함을 느꼈습니다. 음식을 섭취하면 속이 쓰리고 아팠습니다. 소화가 되지 않는 줄 알고 죽과 소화제를 먹었지만 시간이 지날수록 더 아프고 먹는 것마다 토했습니다. 병원에서 진찰을 해보니 장이 막혔다는 진단을 받았습니다. 전에 방사선치료를 받았는데, 그 영향으로 인해 장이 막혔을 가능성이 높다는 것이었습니다. 병원에 입원해서 장을 절제하고 봉합하는 수술을 했습니다. 수술은 잘되었고 회복 후에는 식사를 하더라도 답답함이나 아픔이 없이 소화가 잘 되었습니다. 건강도 좋아졌습니다.

인생도 마찬가지입니다. 인생이 막힐 때는 하는 일마다 되지 않아 답답함을 느낍니다. 자도 자는 것 같지 않고 식사를 해도 하는 것 같지 않습니다. 불통의 상태에서 괴로움을 겪습니다. 이 문제를 해결하기 위해 이런 저런 방법을 다 동원하지만 근본적인 원인을 찾아내지 않는 한 해결의 기미가 보이지 않습니다. 이런 상황을 해결할 수 있는 방법은 문제의 근원을 찾아내어 치료하는 것입니다.

그런데 이 모든 원인은 하나님의 말씀과 관련이 되어 있습니다. 하나님의 말씀이 우리 속에서 역사하는지를 체크해 보아야 합니다. 하나님을 잊고 살지는 않았는지, 기도생활은 소홀히 하지는 않았는지, 무엇보다도 하나님께 불평과 원망을 늘어놓지는 않았는지 등입니다. 또한 인간관계에서 미움과 시기, 질투, 원수 맺는 일 등은 없었는지 살펴보아야 합니다. 모든 판단은 하나님이 하십니다. 우리는 현재의 상황을 그대로 수용하고 하나님과 인간관계에서 막힌 것을 뚫기만 하면 막힘이 없는 형통의 길로 들어섭니다. 이 길에는 평안이 있고 영적 시원함이 있습니다.

복이란 하나님의 말씀을 지킬 때 주어지는 형통입니다. 신명기 29:9에서 분명히 말씀합니다.

> 그런즉 너희는 이 언약의 말씀을 지켜 행하라 그리하면 너희가 하는 모든 일이 형통하리라.

4) 평강의 복

시편 4:7-8 주께서 내 마음에 두신 기쁨은 그들의 곡식과 새 포도주의 풍성할 때보다 더하니이다 내가 평안히 눕고 자기도 하리니 나를 안전히 살게 하시는 이는 오직 여호와이시니이다.

평강이란 내적 외적으로 안정된 상태를 말합니다. 기쁨과 안전이 보장된 상태입니다. 하나님의 사랑과 용서와 임재와 동행을 확신하는 사람은 평강의 복을 누립니다. 이미 언급했듯이 이 평강을 깨뜨리는 가장 심각한 요소는 죄입니다. 죄를 멀리하고 하나님께 순종하고 올바르게 사는 삶에는 평강이 있습니다. 죄는 파괴성을 띠고 있지만 하나님과의 올바른 관계는 창조성을 가지고 있기 때문입니다. 그리고 환난이나 근심도 평강을 무너뜨립니다. 따라서 환난이나 근심이 없는 것도 복입니다. 야베스의 기도에서도 이러한 복을 볼 수 있습니다.

역대상 4:10 야베스가 이스라엘 하나님께 아뢰어 이르되 주께서 내게 복을 주시려거든 나의 지역을 넓히시고 주의 손으로 도우사 나로 환난을 벗어나 내게 근심이 없게 하옵소서 하였더니 하나님이 그가 구하는 것을 허락하셨더라.

5) 부족함이 없이 넘치는 복

다음 구절들은 하나님이 자신의 백성들을 부족함이 없게 하시고 넘치도록 채워주고 계심을 잘 보여줍니다.

신명기 28:12 여호와께서 너를 위하여 하늘의 아름다운 보고를 여시사 네 땅에 때를 따라 비를 내리시고 네 손으로 하는 모든 일에 복을 주시리니 네가 많은 민족에게 꾸어줄지라도 너는 꾸지 아니할 것이요.

시편 23:1 여호와는 나의 목자시니 내게 부족함이 없으리로다.

시편 23:5 주께서 내 원수의 목전에서 내게 상을 차려주시고 기름을 내 머리에 부으셨으니 내 잔이 넘치나이다.

6) 존귀함의 복

존귀함은 하나님께서 자신의 영광을 충만히 드러내고 뜻을 이루어 가시기 위해 자신의 백성들을 높이 세우시는 것입니다.

신명기 28:13 여호와께서 너를 머리가 되고 꼬리가 되지 않게 하시며 위에만 있고 아래에 있지 않게 하시리니 오직 너는 내가 오늘 네게 명령하는 네 하나님 여호와의 명령을 듣고 지켜 행하며.

하나님은 요셉과 다니엘 등을 이방 나라에서 높이 세우셔서 하나님의 영광을 드러내시고 자신의 뜻을 이루어 가셨습니다. 하나님은 자신의 백성들을 존귀하게 세우기를 좋아하십니다.

이러한 구약에서 말하는 복을 집약한 성경구절이 시편 128편입니다.

여호와를 경외하며 그의 길을 걷는 자마다 복이 있도다 네가 네 손이 수고한 대로 먹을 것이라 네가 복되고 형통하리로다 네 집 안방에 있는 네 아내는 결실한 포도나무 같으며 네 식탁에 둘러 앉은 자식들은 어린 감람나무 같으리로다 여호와를 경외하는 자는 이같이 복을 얻으리로다 여호와께서 시온에서 네게 복을 주실지어다 너는 평생에 예루살렘의

번영을 보며 네 자식의 자식을 볼지어다 이스라엘에게 평강이 있을지로다.

구약에서 말하는 복은 하나님과의 정상적인 관계의 복, 하늘과 땅의 복, 형통의 복, 평강의 복, 부족함이 없이 넘치는 복, 존귀함의 복 등입니다.

3. 예수님이 말씀하신 복

예수님이 팔복에서 말씀하신 복을 먼저 어원적인 면에서 살펴보겠습니다. 복의 헬라어는 '마카리오스'입니다. 이 단어는 다음의 세 가지 의미를 담고 있습니다.

첫째는 '외적인 번영'입니다.

둘째는 '가난이나 나약함, 죽음 등에 종속되지 않은 자유'입니다.

셋째는 '참된 성품을 소유하는 것'입니다.

이 세 가지 요소에 대해 일반적인 사람들이 추구하는 복의 순서는 첫 번째부터 시작하여 두 번째와 세 번째로 이어질 것입니다. 즉 가시적인 복을 먼저 떠올린다는 것입니다.

그런데 예수님이 말씀하신 여덟 가지 복에서의 복에 대한 의미는 그 반대입니다. 복이란 하나님의 통치 속에서 하나님의 형상을 회복하고 하나님의 성품을 닮아 가는 데서 비롯됩니다. 즉 하나님의 거룩한 성품으로의 변화가 진정한 복의 출발점입니다. 하나님의 거룩한 성품의 회복은 하나님과의 관계가 회복되어지고 하나님과의 소통이 원만할 때 자연스럽게 이루어집니다. 그 결과 하나님의 뜻과 계획을 알고 그분께 순종하는 삶을 살아갑니다. 예수님은 이러한 사람을 복있는 사람, 진정 행복한 사람이라고 하십니다.

복있는 사람은 예수님의 말씀처럼 "심령이 가난한 사람", "애통하는 사람", "온유한 사람", "의에 주리고 목마른 사람", "긍휼히 여기는 사람", "마음이 청결한 사람", "화평하게 하는 사람", "의를 위하여 박해를 받는 사람"입니다.

이처럼 복이란 영혼의 중심부에서부터 시작됩니다. 유진 피터슨은 그의 저서 『한 길 가는 순례자』에서 요한네스 페데르센(Johannes Pedersen)이 정의한 복에 대한 개념을 말했습니다.

> 복이란 영혼의 내적인 힘이다. 행복도 거기서 창출되고…어떤 생명체도 그것 없이는 살 수 없는 생명력도 마찬가지다. 행복은 인간 바깥에 있는 그 무엇이 아니다…하나님의 역사는 영혼의 외부가 아닌 영혼의 중심부를 겨냥한다. 그런 만큼 우리에게 채워지는 것은 외적인 것이 아니라 에너지요, 그것을 창조할 수 있는 능력이다…결국 복이란 가장 깊고도 가장 포괄적인 의미에서 삶을 누릴 수 있는 능력을 말한다…복은 어떤 생명체도 그것 없이는 살아갈 수 없는 생의 활력을 말한다.[6]

유진 피터슨은 이어서 말합니다.

믿음의 길을 걷고 있는 이를 채워 주고 둘러싸고 있는 것이 바로 이

---

6) 유진 피터슨, 『한 길 가는 순례자』, 김유리 역 (서울: IVP, 2001), 121.

복이다.[7]

　예수님은 팔복에서 복있는 사람은 이와 같은 사람이라고 하시면서 복있는 사람, 복을 누리는 사람, 복을 나누는 사람이 되라고 하십니다. 이러한 사람이 천국백성이라는 것입니다.

　복있는 사람은 하나님과의 관계가 정상적인 상태에 놓여 있는 사람이며 이런 사람을 천국백성이라고 합니다. 따라서 예수님은 천국백성이 어떻게 되고 무엇을 위해 살며 그리고 어떻게 살아야 하는지에 대해 말씀하신 것입니다. 즉 천국백성은 하나님의 사람으로 변화되어 하나님의 성품을 닮아 하나님의 말씀에 순종하는 삶을 살아갑니다.

　이제 팔복, 즉 천국백성답게 사는 복있는 사람이 되기 위해서는 다음의 내용을 염두에 두어야 합니다.

　　1) 자기 주도형 인간이 아니라 하나님 주도형 인간이 되어라.
　　2) 세상의 기준이 아닌 하나님의 기준으로 살아라.
　　3) 세상의 가치관과는 정반대의 가치관을 가지라.
　　4) 참된 행복의 길, 즉 의의 길을 걸으라.
　　5) 천국백성의 윤리로서 사랑과 의와 순종의 삶을 살아가라.
　　6) 세상에 영향력을 행하여 더불어 사는 지혜를 터득하라.
　　7) 거룩한 고난도 능히 감당하라.

---

7) 유진 피터슨, 『한 길 가는 순례자』, 121.

사람들은 성공과 실패의 기준을 일반적으로 얼마나 많이 소유했느냐, 얼마나 바라는 바를 성취했느냐, 얼마나 지위가 높으냐에 둡니다. 그러나 진정한 성공의 기준은 의미에 있습니다. 자신의 삶에 의미를 부여하고 남에게 좋은 영향을 줄 수 있다면 그 사람은 성공한 사람입니다. 행복도 마찬가지입니다. 얼마나 많이 소유하고 성취했느냐에 있는 것이 아니라 얼마나 사람답게, 다시 말해 천국백성답게 살았느냐에 있습니다.

다음 장에서는 영혼 중심부에서부터 변화되어 천국백성답게 사는 사람, 즉 복있는 사람이 되는 행복지침서의 골격인 팔복의 계단을 한 계단씩 올라가고자 합니다.

Eight Steps For Living As God's People

제 2 부

천국백성답게 사는 여덟 계단

Eight Steps For Living As God's People

제 4 장

첫 번째 계단: 비우기
비움은 채움의 시작입니다

마태복음 5:3 심령이 가난한 자는 복이 있나니 천국이 그들의 것임이요.

어느 동네 입구에 해장국 전문 식당이 있었습니다. 이 식당의 주방장은 주인에게 불만이 많았습니다. 나름대로 열심히 음식을 만들었지만 주인은 손님이 줄어들 때마다 음식 맛이 없어서 손님이 오지 않는다며 주방장에게 책임을 돌렸기 때문입니다. 주방장은 주인에게 화가 났습니다. 그래서 식당을 망하게 하기로 마음을 먹었습니다. '어떻게 하면 이 식당이 망할까'를 고민하다가 하루는 좋은 방법이 떠올랐습니다. 주방장은 당장 그 방법을 실행에 옮겼습니다. 그 방법은 재료를 아끼지 않고 사용하는 것이었습니다. 유통기한이 지난 것은 곧바로 버렸습니다. 질이 아주 좋은 재료만 사용했습니다. 그러면 주인이 재료비를 감당하지 못해 망할 것이라고 생각했던 것입니다. 일주일 정도 지났습니다. 그런데 이상하게 주방이 바빠지기 시작했습니다. 주인은 연신 싱글벙글 웃습니다. 주방장은 칼질을 할 때도 배추와 무를 버무릴 때도 늘 속으로 '이 놈의 식당 망해라' 하는데, 주인은 계속 웃으니 기분이 더 나빠졌습니다. 게다가 주인이 주방장을 칭찬하는 것이었습니다. 한 달여 지나자 장사가 잘 된다고 보너스도 별도로 주었습니다. 망하기를 바랐는데, 이게 웬일입니까? 망하기는커녕 갈수록 흥해집니다. 이렇게 흥하게 된 이유인즉, 유통기한이 지난 재료는 버리고 상품의 질이 떨어지는 것은 아예 사용하지 않았습니다. 국물도 좋은 고기 재료를 사용하여 내고 자기 것이 아니니 양도 듬뿍 주니 맛이 좋고 양이 많으니 먹어본 사람들이 소문을 내어 손님들로 북적이게 되었습니다. 망하라고 좋은 재료를 사용했는데, 도리어 흥하게 되었습니다. 식당이 잘되니 자신에게도 복이 되었습니다.

 맛있는 음식을 만들려면 좋은 재료를 사용하는 것이 중요합니다. 좋은 재료는 음식 맛도 내고 건강에도 좋습니다. 인생도 마찬가지입니다. 새롭고 좋은 사람이 되어 복있는 사람이 되려면 버리는 것부터 시작해야 합니다. 따라서 버리는 것이 복입니다. 복있는 사람은 버릴 줄 아는 사람입니다. 유통기한이 지난 것, 썩은 것, 좋지 않은 재료들을 과감하게 버리고 좋은 재료와 정성이 담겨 있는 맛있는 음식을 손님들에게 제공하는 식당이 잘되듯이 영적으로도 복있는 사람은 버릴 줄 아는 사람입니다. 천국백성, 복있는 사람이 되기 위해서는 버리는 훈련부터 해야 합니다. 이것은 새로운 사람으로의 변화를 위한 첫 번째 시도입니다.

인간에게 있어서 가장 큰 복은 구원입니다. 구원이란 포괄적인 개념으로서 모든 악과 고난으로부터 해방되는 것을 의미합니다. 그리고 성경은 악과 고난에 짓눌려 있는 인생을 죽은 자라고 합니다. 이 죽음은 죄의 대가로서 우리가 죄를 지으면 우리에게 꼭 죽음이 주어진다는 것입니다.[8]

구원이란 이처럼 더러운 죄가 우리의 심령에서 빠져 나감으로 죄로부터의 자유와 해방을 얻어 새 생명을 얻는 것입니다. 이러한 구원의 역사는 오직 하나님의 아들이신 예수 그리스도를 통해서 이루어집니다. 하나님은 예수님을 영접하고 죄를 회개한 사람에게 죄사함과 용서의 은혜를 베풀어 주심으로 새사람이 되게 하십니다. 이렇게 하나님의 구원에 참여하게 된 것을 '거듭났다', '중생했다'고 말합니다. 즉 하나님의 사람으로 다시 태어난 것입니다. 이 새사람은 이제 더러운 것, 썩을 것으로 채워지지 않고 오직 하나님의 생명과 성품, 은혜와 능력 그리고 지혜로 채워집니다. 이렇게 거듭난 사람은 구원을 온전히 지속시켜 나가야 합니다. 그런데 이것을 방해하는 것이 있습니다. 옛사람의 성품과 거짓된 욕망과 죄입니다. 이러한 것을 온전히 버려야 하는데, 구원받은 우리에게 늘 유혹으로 다가옵니다. 그래서 항상 하나님의 말씀에 두렵고 떨림으로 죄와 옛 성품을 버리고 지속적으로 하나님과의 관계를 잘 맺어가야 합니다.

이처럼 천국백성으로서 구원을 온전히 이루어가려면 옛사람을 벗어버리고 새사람이 되어 새로운 삶의 방식을 따라 살아가야 합니다. 즉 하나

---

8) 김세윤, 『구원이란 무엇인가?』 (서울: 도서출판 제자, 1997), 11-12.

님 나라 백성으로서의 삶의 방식을 따라가야 합니다.

따라서 이러한 새사람이 되기 위해서는 온갖 더러운 것을 버리고 자신을 비우는 데서 시작됩니다.

구원을 온전히 이룬다는 것은 이제 경건한 삶으로 들어선다는 것입니다. 경건한 삶은 디모데전서 4:8에서 말씀하듯이 금생과 내생에 하나님의 약속이 있습니다.

> **야고보서 1:27** 하나님 아버지 앞에서 정결하고 더러움이 없는 경건은 곧 고아와 과부를 그 환난 중에 돌보고 또 자기를 지켜 세속에 물들지 아니하는 그것이니라.

위의 성경구절에서 알 수 있듯이 정결하고 더러움이 없는, 즉 세속에 물들지 않는 모습이 경건입니다. 이처럼 경건한 삶은 영적으로 유통기한이 지난 것과 질이 떨어지는 것을 버리고 과감히 하나님의 새로운 은혜를 늘 사모하는 결단이 요구됩니다. 경건한 삶은 국물이 진하게 우러난 고소한 진한 국물과 같습니다. 진국과 같이 진한 맛을 내는 하나님의 사람으로 변화되어 사는 사람이 하나님의 구원을 온전히 이루어 복있는 사람이 됩니다.

이와 같이 복있는 사람이 되려면 예수님은 먼저 심령이 가난한 자가 되라고 말씀하십니다. 이 말은 참 의아하게 들립니다. 그 이유는 일반적인 세상 기준에 따라 어떤 사람이 복있는 사람인지에 대해 이미 익숙해져 있기 때문입니다. 즉 세상은 부한 자, 많이 가진 자가 복이 있다고 말합니다. 그런데 예수님은 정반대로 말씀하셨습니다. 도리어 가난한 사람이 복이 있는 사람이라고 말씀하십니다.

그러면 예수님이 말씀하신 가난은 어떤 의미를 가지고 있는지를 살펴보겠습니다. 여기에서 가난은 물질적인 가난을 말하지 않습니다. 어떤 사람은 이 말씀을 잘못 이해해서 그리스도인들은 무조건 가난하고 경제적으로 궁핍하게 살아야 복이 있는 사람으로 여깁니다. 그러나 이것은 잘못된 해석과 적용입니다.

1. 가난의 의미

히브리어의 가난이란 단어는 '아나임'으로, 부자나 권력가들의 경제적 수탈과 사회적 억압에서 자신을 구원할 능력이 없는 사람을 가리킵니다.[9]

헬라어의 가난이란 단어는 두 가지입니다. 첫째는 페나스로, 생계를 유지하는 정도의 가난을 말합니다. 둘째는 프토카스로, 거지와 같이 구걸할 정도의 가난입니다. 가난한 자란 스스로의 힘으로 의식주를 해결하기 어려운 자를 가리키는 말입니다.[10] 이처럼 가난이란 겨우 먹고 살 정도의 가난뿐 아니라 구걸까지 해야 할 정도의 상태를 말합니다. 가난이란 소유한 것이 없는 아무것도 없는 상태입니다. 즉 비어 있는 상태입니다.

---

9) 『비전성경사전』, 하용조 편찬 (서울: 두란노, 2002), 3.
10) 『그랜드종합주석 9』, 기획 편집 제자원 (고양: 성서아카데미, 2004), 215.

2. 영적 빈털터리

이처럼 가난하다는 것은 아무것도 없는 상태, 비어 있다는 의미로 심령이 가난하다는 것은 영적으로 텅 비어 있는 것을 말합니다.

이 점을 좀 더 이해하기 위해 마태복음 16:24의 말씀을 설명하고자 합니다.

> 이에 예수께서 제자들에게 이르시되 누구든지 나를 따라오려거든 자기를 부인하고 자기 십자가를 지고 나를 따를 것이니라.

심령이 가난한 사람은 자기를 부인합니다. 자기 부인은 죄인된 자신의 모습을 철저히 부정하는 것입니다. 이제까지 더러운 욕망에 사로잡혀 살아온 방식을 부인하는 것입니다. 성경에서 자기를 부인한 사람들의 고백을 들어보겠습니다.

이사야
이사야 6:5 그때에 내가 말하되 화로다 나여 망하게 되었도다 나는 입술이 부정한 사람이요 나는 입술이 부정한 백성 중에 거주하면서 만군의 여호와이신 왕을 뵈었음이로다 하였더라.

기드온
사사기 6:15 그러나 기드온이 그에게 대답하되 오 주여 내가 무엇으로 이스라엘을 구원하리이까 보소서 나의 집은 므낫세 중에 극히 약하고 나는 내 아버지 집에서 가장 작은 자니이다 하니.

베드로
누가복음 5:8 시몬 베드로가 이를 보고 예수의 무릎 아래에 엎드려 이르되 주여 나를 떠나소서 나는 죄인이로소이다.

바울
로마서 7:24 오호라 나는 곤고한 사람이로다 이 사망의 몸에서 누가 나를 건져내랴.

천국백성(복있는 사람)은 철저히 자기 부인에서부터 시작됩니다. 내면의 온갖 쓰레기들을 제거합니다. 자신이 얼마나 큰 죄인임을 발견합니다. 이것이 가장 위대한 발견입니다. 이 후 하나님의 놀라운 일들이 그 심령에서 일어납니다.

이렇게 자신을 비움으로 영적으로 완전히 빈털터리가 됩니다. 이것이 심령이 가난한 것입니다. 이렇게 자기를 비움으로 새사람이 됩니다.

고린도후서 5:17 그런즉 누구든지 그리스도 안에 있으면 새로운 피조물이라 이전 것은 지나갔으니 보라 새 것이 되었도다.

에베소서 4:22-24 너희는 유혹의 욕심을 따라 썩어져 가는 구습을 따르는 옛사람을 벗어버리고 오직 너희 심령이 새롭게 되어 하나님을 따라 의와 진리의 거룩함으로 지으심을 받은 새사람을 입으라.

비울 때 새로워진다는 것입니다. 심령이 가난해진다는 것은 영적으로 유통기한이 지나고 썩은 재료들을 다 쓰레기통에 버리고 물로 깨끗이 세척한 그릇에 맛있는 음식을 담는 것과 같습니다. 심령이 가난하면 자신에 대해 심히 부끄러운 마음을 가지고 다 비워 놓을 뿐 아니라, 새로운 것으로 채워지기를 구걸하는 상태가 됩니다. 이 말은 자신이 완전히 무능력하다는 것을 인정하라는 것입니다. 인간은 불의합니다. 무능력합니다. 인간의 힘으로 할 수 있는 것은 아무것도 없습니다. 이러한 고백이 있는 것이 심령이 가난한 상태입니다.

3. 하나님 주도형 인간

예수님이 십자가를 지고 나를 따르라고 하셨는데, 이제부터는 자기 주도형 인생이 아니라 하나님 주도형 인생으로 살아가는 방식을 선택합니다. 즉 이제까지는 내가 나를 이끌어 왔지만 이제는 하나님이 나를 이끌어주시도록 자신을 완전히 비우는 것입니다. 이렇게 심령의 비움은 철저히 하나님을 의존하게 만듭니다. 즉 하나님과의 관계가 회복이 됩니다. 이 관계의 회복은 사람에게 복을 가져다줍니다. 아담은 하나님과의 관계가 단절됨으로 인해 복을 상실했습니다. 그러나 예수님은 우리로 하여금 하나님을 의존하게 함으로 복을 회복하게 하십니다. 이 말은 인간이 전적으로 하나님의 은혜를 의존할 때 행복하다는 것입니다. 그래서 복있는 사람은 하나님을 찾습니다. 하나님 앞에 겸손합니다. 매사에 하나님을 전적으로 의지합니다.

이렇게 자신을 비운 영적으로 가난해진 사람은 복있는 사람으로 천국이 그들의 것이라고 약속하셨습니다.

그러면 예수님이 "심령이 가난한 사람은 복이 있나니 천국이 그들의 것임이라"고 하셨는데 여기에서 천국의 의미는 무엇일까요?

가장 쉽게 간단히 정의를 내리면 천국은 하나님의 통치가 이루어지는 나라입니다. 하나님이 왕과 주인으로서 다스리는 나라입니다. 천국에는 하나님이 보좌에 앉아 계시고 보좌 우편에는 예수님이 앉으셔서 모든 만물을 주관하시고 다스리십니다. 천국은 하나님의 영이 충만한 영광스럽고 거룩한 곳입니다. 천국은 영원한 생명을 누리는 곳입니다. 심령이 가난한 사람은 이와 같이 영원한 생명을 누리는 자격을 얻습니다.

이 천국은 미래적인 측면과 현재적인 측면입니다. 미래적인 측면은 사람이 죽은 후에 천국에서 영원한 생명을 누리며 사는 것을 말합니다. 현재적인 측면은 이 땅에서 사는 동안 성 삼위 하나님의 다스림 아래에서 살아가는 것을 말합니다. 즉 구원받은 백성 즉 천국백성은 하나님의 다스리심 속에 그분의 돌보심을 받으며 살아갑니다. 하나님은 끊임없이 은혜를 베풀어주셔서 천국백성을 천국에 가는 그날까지 책임져 주십니다. 성령으로 충만케 하사 의와 순종의 길을 걷게 하심으로 늘 하나님과의 관계를 잘 지속시키도록 하십니다. 잘못하면 깨닫게 하고 회개하게 하십니다. 잘못된 길로 가면 막으시고 돌아서게 하십니다. 필요한 것을 공급하셔서 늘 부족함이 없도록 하십니다. 우리의 마음과 생각까지도 지켜주십니다. 우리가 살아가는 데 필요한 힘과 지혜를 주십니다. 따라서 천국백성의 삶은 이미 승리한 삶입니다. 심령이 가난한 사람은 이와 같은 엄청난 은혜의 혜택을 입으며 살게 됩니다.

　예수님을 믿고 그 가르침을 따르는 사람은 이처럼 세상에 속한 자가 아니라 천국에 속한 자입니다. 그래서 모든 삶의 기준과 가치를 천국에 먼저 둡니다. C. S. 루이스는 이 점에 대해 이렇게 말합니다.

> 천국을 지향하면 세상을 '덤으로' 얻을 것입니다. 그러나 세상을 지향하면 둘 다 잃을 것입니다.[11]

　사람이 이 땅에서 아무리 잘 살았다고 해도 천국에 가지 못하면 아무 소용이 없습니다. 그리고 이 땅에서도 행복하게 사는 사람은 선한 목자이신 예수님의 가르침과 다스림을 받아 진정한 자유와 평안을 누립니다.

　이와 같이 하나님 나라의 권세를 누리며 살기를 원한다면 먼저 심령이 가난해져야 합니다. 자기를 비우고 새 것으로 채워야 합니다.

　복을 누리는 사람은 인생을 볼 줄 아는 시각을 가지고 있습니다.

　사람은 세 가지 시각이 있습니다. 첫째는 근시안적 시각입니다. 멀리 있는 것은 잘 안 보이고 가까이 있는 것은 잘 보는 시각입니다. 둘째는 원시안적인 시각이다. 가까이 있는 것은 못보고 먼 것은 잘 보는 시각입니다. 셋째는 정상적인 시각입니다. 가까운 것과 멀리 있는 것을 동시에 잘 보는 시각입니다.

　이러한 세 가지 시각을 믿음의 관점에서 볼 때 이렇습니다. 근시안적 시각은 영적으로 땅의 것과 현재만 볼 뿐 천국과 미래를 못보고 사는 사

---

[11] C. S. 루이스, 『순전한 기독교』, 장경철·이종태 역 (서울: 홍성사, 2003), 212.

람의 시각입니다. 원시안적 시각은 천국은 사모하지만 이 땅에서 사는 동안 하나님의 임재와 능력을 못보고 사는 시각입니다. 이러한 사람은 꿈은 있지만 현실은 꿈과 동떨어진 삶을 살아갑니다. 한편 영적으로 정상적인 시각은 현재와 미래를 동시에 볼 줄 아는 시각입니다. 미래의 천국도 바라볼 뿐 아니라 현재적 삶에서도 하나님의 임재와 능력과 돌보심을 보고 살아갑니다. 예수님을 믿는 사람은 위의 세 시각 중 정상적인 시각을 가진 사람으로 미래와 현재를 동시에 볼 줄 아는 시각을 가지고 살아갑니다. 즉 영원한 천국을 사모하며 살 뿐 아니라 현재의 삶에서도 살아계신 하나님이 함께하고 계심을 보고 살아갑니다. 교회적으로 부흥이라는 미래에 대한 비전만 가지고 있는 것이 아니라 복음에 대한 열정과 헌신을 다하며 살아갑니다. 개인적으로 미래의 성공에 대한 기대에만 부풀어 있지 않고 오늘 최선을 다합니다. 이것이 올바른 그리스도인의 삶입니다.

심령이 가난한 사람은 이처럼 천국백성으로서 다음의 세 가지를 채우며 살아갑니다.

1) 하나님의 생명으로 채웁니다

시편 72:13-14에서 하나님은 가난한 사람의 생명을 구원하신다고 약속하셨습니다.

그는 가난한 자와 궁핍한 자를 불쌍히 여기며 궁핍한 자의 생명을 구원하며 그들의 생명을 압박과 강포에서 구원하리니 그들의 피가 그의 눈

앞에서 존귀히 여김을 받으리로다.

거짓된 욕망과 자아를 버리고 참된 생명으로 채웁니다. 즉 새롭고 좋은 것으로 채움받을 것에 대한 기대감이 생깁니다. 이 기대감은 예수님이 요한복음 10:10에서 하신 말씀의 약속을 기대합니다.

도둑이 오는 것은 도둑질하고 죽이고 멸망시키려는 것뿐이요 내가 온 것은 양으로 생명을 얻게 하고 더 풍성히 얻게 하려는 것이라.

생명과 풍성함입니다. 여기에서 말하는 생명은 영적인 생명입니다. 이 생명에 대해 C. S. 루이스는 이렇게 설명했습니다.

인간이 자연적으로는 얻을 수 없는 것이 있는데, 그것은 바로 영적인 생명-하나님 안에 있는 생명으로서 생물학적 생명과 다른 생명, 그보다 더 위에 있는 생명-입니다. 우리는 이 두 가지를 다 '생명'이라고 부릅니다. (중략) 사실 생물학적 생명과 영적인 생명 사이에는 너무나 중대한 차이가 있기 때문에, 저는 이 두 가지를 각각 다른 이름으로 부르려 합니다. 자연을 통해 우리에게 오는 생물학적인 종류의 생명, 늘 소모되고 쇠퇴하는 성질이 있어서 공기나 물이나 음식 등을 통해 끊임없이 자연의 보조를 받아야만 유지되는 생명은 '바이오스'(Bios)입니다. 영원 전부터 하나님 안에 있는 영적인 생명, 자연 세계 전체를 만들어 낸 생명은 '조에'(zoe)입니다. 바이오스는 어떤 그림자나 상징처럼 조에를 닮았다는 것이 사실입니다. 그러나 그 유사성은 사진이나 풍경이나 조상과 사람 사이에 나타나는 유사성과 같은 종류의 것입니다. 그러므로 사람이 바이오스를 가졌다가 조에를 갖게 된다는 것은 석상이 진짜 사람으로 변하는 것만큼이나 큰 변화가 아닐 수 없습니다.[12]

영적 생명(조에)을 얻는 것은 진짜 하나님의 형상으로 회복되는 것입니다. 따라서 이 생명을 얻는 것이 복있는 사람이 되는 첫 번째 단계입니다. 이러한 사람은 어떤 조건에 의해 기뻐하는 것이 아니라 오직 하나님의 구원으로 인해 크게 기뻐합니다. 이러한 고백이 하박국 3:17-18에 있습니다.

> 비록 무화과나무가 무성하지 못하며 포도나무에 열매가 없으며 감람나무에 소출이 없으며 밭에 먹을 것이 없으며 우리에 양이 없으며 외양간에 소가 없을지라도 나는 여호와로 말미암아 즐거워하며 나의 구원의 하나님으로 말미암아 기뻐하리로다.

하나님이 주시는 영원한 생명의 구원을 찬양하며 감격합니다. 하나님은 심령이 가난한 자들에게 이와 같은 영원한 생명의 풍성함을 허락하십니다.

심령이 가난한 사람, 즉 자신을 비운 사람은 영적 생명을 영원히 누릴 천국과 함께 천국의 풍성함에 대한 기대감으로 채워집니다. 이것은 하나님의 약속입니다. 하나님은 이 약속에 대한 확실한 보증으로 아들이신 예수님을 십자가에서 죽게 하셨습니다. 예수님을 믿는 자들에게는 하나님의 자녀가 되는 권세도 부여하셨습니다.

심령이 가난한 사람은 천국백성이 됩니다. 이 백성은 자기를 비우는 놀

---

12) C. S. 루이스, 『순전한 기독교』, 247-248.

라운 변화를 통하여 새로운 영적 생명과 하나님의 은혜의 풍성함을 누리게 됩니다. 심령이 가난한 사람은 복있는 사람이 되는 첫 단계입니다.

2) 하나님의 성품으로 채웁니다

영적 생명을 얻는 사람에게는 변화가 일어납니다. 그 변화의 중심은 성품입니다. 옛사람의 성품을 버리고 하나님의 성품으로 채워집니다. 복있는 사람은 천국백성답게 살고자 몸부림칩니다. 유통기한이 지난 낡고 썩은 옛사람의 성품을 버리고 거룩하신 하나님의 성품으로 채움으로 천국백성답게 사는 첫 걸음을 내딛습니다. 그럼 무엇을 버려야 할까요?

갈라디아서 5:19-21에서는 육체의 일 15가지를 말합니다.

> 육체의 일은 분명하니 곧 음행과 더러운 것과 호색과 우상 숭배와 주술과 원수 맺는 것과 분쟁과 시기와 분냄과 당 짓는 것과 분열과 이단과 투기와 술 취함과 방탕함과 또 그와 같은 것들이라 이런 일을 하는 자들은 하나님의 나라를 유업으로 받지 못할 것이요.

이런 것들을 버리지 않으면 천국을 얻지 못한다고 분명히 말씀합니다.

갈라디아서 5:24의 "그리스도 예수의 사람들은 육체와 함께 그 정욕과 탐심을 십자가에 못 박았느니라"는 말씀처럼 육체의 정욕과 탐심을 십자가에 못 박음으로 버려야 합니다.

육체의 일을 버리고 새로운 것으로 채워야 하는데, 그 새로운 것은 갈라디아서 5:22-23에 나옵니다.

> 오직 성령의 열매는 사랑과 희락과 화평과 오래 참음과 자비와 양선과 충성과 온유와 절제니 이 같은 것을 금지할 법이 없느니라.

하나님의 거룩한 성품으로 바뀔 때 하나님 나라를 유업으로 받습니다. 베드로후서 1:4-11에서도 신성한 성품에 대해 8가지를 말합니다.

> 이로써 그 보배롭고 지극히 큰 약속을 우리에게 주사 이 약속으로 말미암아 너희가 정욕 때문에 세상에서 썩어질 것을 피하여 신성한 성품에 참여하는 자가 되게 하려 하셨느니라 그러므로 너희가 더욱 힘써 너희 믿음에 덕을, 덕에 지식을, 지식에 절제를, 절제에 인내를, 인내에 경건을, 경건에 형제 우애를, 형제 우애에 사랑을 더하라 이런 것은 너희에게 있어 흡족한즉 너희로 우리 주 예수 그리스도를 알기에 게으르지 않고 열매 없는 자가 되지 않게 하려니와 이런 것이 없는 자는 맹인이라 멀리 보지 못하고 그의 옛 죄가 깨끗하게 된 것을 잊었느니라 그러므로 형제들아 더욱 힘써 너희 부르심과 택하심을 굳게 하라 너희가 이것을 행한즉 언제든지 실족하지 아니하리라 이같이 하면 우리 주 곧 구주 예수 그리스도의 영원한 나라에 들어감을 넉넉히 너희에게 주시리라.

믿음, 덕, 지식, 절제, 인내, 경건, 형제 우애, 사랑 등입니다. 이같이 할 때 우리는 "우리 주 곧 구주 예수 그리스도의 영원한 나라에 들어감을 넉넉히" 얻게 됩니다.

영원한 하나님의 나라에 들어갈 자격이 있는 사람은 신성한 성품으로 변화된 사람입니다. 예수께서 심령이 가난하라고 하신 것은 옛사람의 더럽고 썩은 타락한 성품을 버리고 하나님의 거룩한 성품으로 변화되어 천국백성으로서의 변화를 가져올 것을 요구하는 것입니다. 새 술은 새 부대에 담듯이 하나님의 거룩한 은혜는 하나님의 성품으로 변화된 새 부대에 담습니다. 따라서 복있는 사람은 영적 생명을 얻는 변화뿐 아니라 하나님의 거룩한 성품으로 변화되어 하나님의 영광을 바라고 하나님의 은혜 안에서 풍성함을 누리는 사람입니다.

3) 하나님의 약속에 대한 기대감으로 채워집니다

심령이 가난한 사람은 이제 하나님의 약속에 대한 기대감으로 가득한 채 살아갑니다. 욥기 5:16의 "그러므로 가난한 자가 희망이 있고 악행이 스스로 입을 다무느니라"는 말씀과 같이 가난한 사람에게는 희망 즉 기대감이 있습니다. 자신의 무능을 깨달은 상태, 자신을 부정한 상태에서 이제 하나님의 능력을 확신하고 하나님께서 천국가는 그날까지 이 땅에서 사는 우리를 돌보시고 필요를 채워 주실 것이라는 영적 기대감으로 충만합니다. 심령이 가난한 사람은 영원한 생명을 소유하고 하나님의 참된 성품으로의 변화와 더불어 이 땅에서 하나님의 복에 대한 기대감으로 채워집니다. 이 기대감은 하나님의 복을 간절히 사모하는 절박감으로 이어집니다.

짐 캐리는 천의 얼굴을 가진 배우입니다. 그는 "트루먼 쇼", "맨 온 더 문"으로 골든글러브 남우주연상을 수상한 탁월한 연기자입니다. 지금까지 그가 출연한 작품들은 대부분 흥행에 성공하여 세계적으로 인정을 받고 있습니다.

그는 1962년에 캐나다 온타리오 주에서 태어났습니다. 어릴 때부터 연기에 재능이 있어 15살부터 토론토의 유명한 코미디 클럽에서 공연을 시작하였습니다. 19살까지 캐나다 전역의 여러 클럽에서 공연을 하며 돈을 벌었습니다. 하지만 그의 아버지는 그가 어렸을 때 일찍 돌아가셨고 그의 어머니는 병환으로 누워 있었기 때문에 가정이 어려워 고교를 중퇴하였습니다. 그리고 배우로 성공하고자 하는 꿈을 안고 19살의 나이에 미국 LA로 떠났습니다.

LA에 도착했지만 그를 반겨줄 사람은 없었습니다. 하루에 햄버거 한 개로 끼니를 해결했습니다. 50달러짜리 낡은 중고차에서 자며 호텔이나 빌딩의 화장실에서 세수를 하는 등 비참한 생활을 했습니다. 어느 날 그는 자신은 살아만 있을 뿐 아무것도 할 수 있는 일이 없다고 생각하다 자신의 미래를 진지하게 생각하기 시작했습니다.

1990년 어느 날, 그는 차를 몰고 도시를 한 눈에 내려다 볼 수 있는 할리우드에서 가장 높은 언덕으로 올라갔습니다. 그리고는 눈 아래로 보이는 도시를 하염없이 바라보았습니다. 그리고 문득 자신의 은행 체크수표를 꺼냈습니다. 이 체크수표는 현금과 같은 것으로 수표에 누구에게 얼마를 주겠다고 쓰고 사인을 한 후 마트에서 계산할 때, 학비, 주유, 공공요금 등에서 현금을 내지 않고 자유로이 쓸 수 있는 것입니다. 짐 캐리는 자신의 수표를 꺼내 들고 자기 자신에게 1,000만 달러를 5년 후인 1995년 추

수감사절에 지급하겠다며 자신의 수표에 서명하였습니다. 자신에게 천만 달러를 5년 후에 주겠다는 야무진 다짐과 약속이었습니다. 그는 5년 동안 언제나 그 수표를 지니고 다녔습니다. 5년 후에 천만장자가 되겠다는 것입니다.

배우로 성공하기 위해 열심히 쫓아다니고 연습도 했지만 1년, 2년, 3년이 지나도록 아무런 일도 일어나지 않았습니다. 그러나 그는 천만장자가 되어 있을 자신을 생각하며 스스로 위로하고 열심히 배웠습니다.

이제 자신에게 약속한 1995년이 돌아왔습니다. 과연 어떻게 자신의 꿈이 이루어질 것인가를 기대했습니다. 놀랍게도 그해에 그는 "덤 앤 더머"(Dumb & Dumber)라는 영화에 출연하게 되는데 출연료로 7백만 달러를 받았고, 그해 연말에는 "배트맨"(Batman)의 출연료로 1천만 달러를 받았습니다. 5년 전 그가 자신에게 지급했던 수표가 부도나지 않고 결제된 것입니다. 그는 어느 기자와의 인터뷰에서 이런 말을 했습니다. "사람들은 뭔가를 하려면 동기가 필요합니다. 사람들이 절박함 없이 무언가를 할 수 있다고 생각하지 않습니다. 절박함은 뭔가를 배우거나 창조하기 위한 필수재료입니다."

짐 캐리는 자신의 소망을 이루기 위해 절박감을 가지고 살았습니다. 배고픔도 참았습니다. 냉대와 설움도 참았습니다. 왜 그렇게 할 수 있었습니까? 바로 자신이 가진 기대감 때문이었습니다.

기대감을 가지고 있는 사람은 절박한 심정으로 자신이 기대하는 바를 채우기 위해 몸부림치며 살아갑니다. 여기에 채움의 은혜가 주어집니다.

심령이 가난한 사람은 하나님의 약속을 굳게 붙들고 소망 중에 즐거워하며 살아갑니다. 즉 하나님의 약속에 대한 거룩한 기대감으로 채웁니다.

자신을 비우고 절박한 심정으로 자신의 기대가 채워지기를 원했던 사람들 가운데 마태복음 15:21-28에 나오는 한 여인의 이야기를 소개합니다.

어느 가나안 여자가 귀신들린 딸 때문에 너무도 고통스런 시간을 보냈습니다. 이 여인은 예수님에 대한 소문을 듣고 어느 날 예수님을 찾아와 그 앞에 엎드렸습니다. 그런데 예수님은 여인의 말에 아무 대답도 하지 않으셨습니다.

여인이 계속해서 예수님을 찾자 제자들이 여인이 지르는 소리가 귀찮아서 예수님에게 저 여인을 보내라고 요청했습니다. 이때 예수님이 입을 여시고 이렇게 말씀하셨습니다.

마태복음 15:24 나는 이스라엘 집의 잃어버린 양 외에는 다른 데로 보내심을 받지 아니하였노라.

이 대답에서 예수님이 유대인과 이방인을 구분하시면서 차별하시는 듯한 인상을 받을 수 있습니다. 그러나 이 또한 예수님이 가나안 여인의 믿음을 보고 계신 것이었습니다. 여자의 끈질긴 태도를 보십시오. 이 정도 되면 물러날 만도 한데 도리어 예수님 앞에 엎드려 절박한 심정으로 간청합니다.

마태복음 15:25 주여 저를 도우소서.

예수님이 말씀하십니다.

마태복음 15:26 자녀의 떡을 취하여 개들에게 던짐이 마땅하지 아니하니라.

예수님이 가나안 여자를 개처럼 취급하셨습니다. 여기에서 예수님이 가나안 여자를 무시하는 듯한 느낌이 듭니다만 사실 예수님은 이 여인의 믿음을 보고 계신 것이었습니다. 이래도 네가 나를 믿느냐는 것입니다.
여인이 대답합니다.

마태복음 15:27 주여 옳소이다는 개들도 제 주인의 상에서 떨어지는 부스러기를 먹나이다.

예수께 부스러기라도 달라고 간청하였습니다. 얼마나 절박한 심정입니까? 예수님이 이제 여인에게 명령하십니다.

마태복음 15:28 여자여 네 믿음이 크도다 네 소원대로 되리라.

이 말씀이 마치자마자 이 여인의 딸이 정상으로 회복이 되었습니다. "네 소원대로 되리라"는 예수님의 말씀을 들을 때까지 가나안 여인은 포기하지 않고 자신의 기대감을 절박한 심정으로 예수께 엎드렸습니다. 예수님의 능력을 믿은 심령이 가난한 이 여인은 예수님의 응답과 치유의 은혜를 얻었습니다.

> **시편 72:12** 그는 궁핍한 자가 부르짖을 때에 건지며 도움이 없는 가난한 자도 건지며.
>
> **시편 102:17** 여호와께서 빈궁한 자의 기도를 돌아보시며 그들의 기도를 멸시하지 아니하셨도다.
>
> **시편 107:9** 그가 사모하는 영혼에게 만족을 주시며 주린 영혼에게 좋은 것으로 채워주심이로다.

하나님은 심령이 가난하여 비워진 마음으로 하나님을 열망하고 절박하게 구하는 자들의 기도를 들으시고 고난에서 건지시고 좋은 것으로 채워주십니다. 그래서 심령이 가난한 사람이 복있는 사람입니다.

이처럼 심령이 가난한 사람은 이제 천국을 소유할 뿐 아니라 천국백성으로서 하나님의 능력과 지혜의 풍성함을 기대하며 살아갑니다. 그래서 심령이 가난한 사람은 복있는 사람입니다. 심령이 가난한 사람은 천국백성이 된 사람으로 이제 하나님의 은혜와 복에 대한 약속을 기대감 속에 절박한 심정으로 사모합니다.

우리는 하나님께 복만 달라고 합니다. 그러나 예수님은 이렇게 요구하십니다. '복있는 사람이 되기를 원하거든 복받을 준비가 된 사람이 되라.' '복받을 그릇으로 바꾸라.' 즉 심령이 가난하여 자신을 비우고 하나님의 생명과 복과 약속으로 채우라는 것입니다. 이 땅에서 아무리 많은 재산과 명예를 얻었다고 해도 천국에 가지 못하면 헛되게 산 것입니다. 이 땅에서 아무리 잘 먹고 잘 즐기고 살았다고 해도 천국가지 못하면 헛되게 산 것입니다. 새사람은 이 땅의 것만 보고 살지 않습니다. 영원을 보고 삽니다. 천국을 목적지로 삼고 살아갑니다. 사도 바울은 고린도후서 4:18에서 그리스도인은 영원한 천국을 사모하며 살아간다고 고백했습니다.

> 우리가 주목하는 것은 보이는 것이 아니요 보이지 않는 것이니 보이는 것은 잠깐이요 보이지 않는 것은 영원함이라

복있는 사람은 하나님 안에서 복을 누리기에 합당한 그릇으로 바뀝니다. 이 바뀜은 비움이라는 가난한 상태입니다. 이처럼 가장 소중한 천국에 들어가려면 자신을 비움으로 영적으로 가난해져야 합니다. 하나님을 주인으로 모시는 겸손한 마음은 하나님 나라에 들어가기에 합당하다고 예수님은 말씀하십니다.

가장 지혜로운 삶은 본질로 돌아가서 새롭게 시작하는 것입니다. 이제 예수님은 복있는 사람의 새로운 첫 번째 길을 가르쳐 주셨는데 "심령이 가난해지라"는 것입니다. 즉 자신을 철저히 비우고 천국을 소유한 자가 되어 영적 생명을 얻고 하나님의 성품을 회복하며, 하나님의 약속에 대한 기대감으로 채우라는 것입니다. 이러한 변화는 허물과 죄로 얼룩진 사람 자신이 인생의 주도자가 아니라 만물을 창조하시고 다스리시는 하나님이 주도해 가시도록 철저히 자신을 비우고 하나님께 맡깁니다. 전능하신 하나님은 이렇게 심령이 가난해진 사람에게 천국백성의 자격을 부여하시고 이제 더욱 새로운 복된 길로 인도하십니다.

제 5 장

두 번째 계단: 슬퍼하기
슬픔 뒤에는 위로가 넘칩니다

마태복음 5:4 애통하는 자는 복이 있나니 그들이 위로를 받을 것임이요.

사람들 중에는 복된 길을 가는 사람이 있고 그 반대의 길을 걸어가는 사람이 있습니다. 팔복은 인간으로 하여금 복된 길을 걸어감으로 말미암아 열매가 풍성한 복있는 사람으로 세워져 가는 길을 제시하고 있습니다.

하나님은 우리가 복있는 사람이 되기를 원하십니다. 우리도 복있는 사람이 되고 싶어합니다. 그러면 복있는 사람을 어떻게 알 수 있습니까? '나는 과연 지금 복을 누리며 살고 있다. 하나님 안에서 복있는 사람이다.' 이것을 어떻게 알 수 있습니까? 가장 쉽게 알 수 있는 것이 열매입니다. 즉 복이란 열매로 나타납니다.

시편 1:1-3에서 말씀했듯이 복있는 사람은 철을 따라 열매를 맺으며 그가 하는 모든 일이 다 형통합니다.

우리 예수님은 또 이렇게 말씀하십니다.

요한복음 15:16 너희가 나를 택한 것이 아니요 내가 너희를 택하여 세웠나니 이는 너희로 가서 열매를 맺게 하고 또 너희 열매가 항상 있게 하여 내 이름으로 아버지께 무엇을 구하든지 다 받게 하려 함이라.

이 말씀을 보면 예수님이 우리를 택하여 세운 목적은 무엇이냐 열매를 맺게 하시기 위함입니다. 이 열매를 맺는데, 한 번 맺는 것이 아니라 항상 열매를 맺도록 하기 위해서 예수님이 우리를 택하여 세운 것입니다. 예수님 이름으로 무엇을 구하든지 다 받도록 하기 위해서입니다. 신앙생활을 하면서 가장 재미있을 때가 언제입니까? 가장 신날 때가 언제입니까? 우리가 기도했을 때 하나님이 응답해 주셨을 때입니다. 응답받는 것은 굉장히 즐겁습니다. 그래서 이 기도응답이 하나님이 복있는 사람에게 주시는 가장 놀라운 열매라는 것입니다. 이처럼 구약과 신약에 많은 복이 있지만 대표적인 성경구절을 통해 말씀 드렸듯이 복이라는 것은 열매를 통해 알 수 있습니다. 예수님은 우리가 이같이 복된 사람이 되라고 팔복을 선포하셨습니다.

그런데 이 팔복에는 핵심줄기가 있습니다. 변화가 그것입니다. 즉 복된 사람이 되기 원한다면 변하라는 것입니다. 영적 변화가 있을 때 사람이 변하고 생각이 바뀝니다. 영적 변화가 있을 때 사람이 바뀌고 삶의 내용과 가치관이 새로워집니다. 여덟 가지 복의 핵심가치는 변화를 통한 진정한 하나님의 백성이 되어 복있는 사람, 복을 누리는 사람이 되라는 예수님의 강력한 메시지입니다. 따라서 이 말씀을 듣는 우리는 '변화'라는 관점에서 말씀을 경청하고 '변화'를 시도해야 할 것입니다. 그리스도인은 고발자가 아니라 책임을 지는 사람이 되어야 합니다. 그래서 모든 책임과 변화는 자신에게서 찾습니다. 오늘의 모든 상황의 책임은 나에게 있다고 생각합니다. 그래서 진리를 깨달은 사람은 자신에게서 잘못을 찾고 변화를 시도합니다. 그럴 때에 우리는 하나님 안에서 복있는 사람으로 세워져 열매를 풍성히 맺으며 살아갈 수 있습니다. 변화에는 두 가지 측면이 있습니다. 외적, 내적 변화가 그것입니다. 팔복은 앞의 네 가지와 뒤의 네 가지로 구분이 되는데, 전자는 내적 변화이고 후자는 외적 변화입니다. 그래서 예수님은 내적인 부분부터 변하라는 것입니다. 그렇게 되면 외적 변화가 일어나고 그렇게 되면 열매가 우리의 삶에 풍성해진다는 말씀입니다.

첫 번째 변화가 심령의 변화입니다. 가난해지는 것입니다. 가난은 자기 비움입니다. 영적 파산상태입니다. 자신이 아무것도 아님을 발견합니다.

그 다음 단계로 복있는 사람은 애통합니다.

애통이란 몹시 애달프고 슬퍼하는 감정과 행동입니다. 애통은 슬픔과 눈물을 동반합니다. 사람들은 슬픔 속에 애통하며 눈물을 흘리는 것을 복으로 생각하지 않습니다. 그러나 예수님은 애통하는 사람이 복이 있다고 하십니다.

그럼 애통이란 어떤 의미가 있는지를 살펴보겠습니다. 애통은 마음밭을 새롭게 가는 것입니다. 열매는 좋은 땅에서 맺힙니다. 좋은 땅이 되려면 밭을 잘 갈아주어야 합니다. 애통은 좋은 열매를 맺기 위해 밭을 가는 것입니다. 영적 애통은 영적 파산상태에 놓여 있는 가난한 자신을 보며 자신의 지혜와 의지와 경험으로 열매를 맺을 수 없다는 것을 인정하고 애통해 합니다. 애통은 농약이나 비료를 사용하지 않고 순수한 밭 그 자체로 보존하는 것입니다. 이러한 영적 파산상태인 자기 비움과 더불어 애통함과 슬픔으로 내적 변화가 있을 때 열매를 맺기에 합당한 인생이 되어져갑니다. 이처럼 자신을 비우는 가난함과 자신의 나약함에 대해 애통은 하나님이 기뻐하시는 사람으로 변화되어가는 중요한 내적 변화입니다.

"기적의 사과"는 기무라 아키노리 씨의 사과를 재료로 사과수프를 만드는 레스토랑(히로사키의 '레스토랑 야마자키', 도쿄 시로카네다이의 레스토랑)의 주방장이 우연히 발견한 사실 때문에 유명해졌습니다. 기무라 씨의 사과를 반으로 갈라 냉장고 위에 방치했는데 2년이 지나도록 썩지 않고 일반적인 갈변도 없이, 달콤한 향을 내뿜으며 시든 것처럼 조그맣게 오그라든 상태로 있는 것을 보고 놀라 '기적의 사과'라는 이름도 붙였습니다. 도쿄의 이 레스토랑에서 판매되는 기무라 아키노리의 '사과수프'는 예약이 꽉 차 있어 1년을 기다려야 먹을 수 있는 인기메뉴입니다.

기무라 아키노리 씨는 스물아홉의 나이에 무농약, 무비료 사과재배에 도전한 후 매년 실패했습니다. 극심한 생활고로 트럭운전, 상자줍기, 부두 하역작업, 공사장 일 등 안 해본 것이 없는 밑바닥 생활을 전전하기도 했습니다. 견디다 못해 죽으려고 산으로 올라갔습니다. 그때 이 사람의 눈에 도토리나무가 눈에 띄었습니다. '이 나무는 농약과 비료를 주지 않는데, 도토리가 어떻게 이렇게 잘 자랄 수가 있는가!'하면서 나무를 훑어보았습니다. 점점 그의 눈은 땅을 향했습니다. 땅을 파보았습니다. 놀랍게도 땅속에는 지렁이를 비롯해 벌레들이 있었습니다. 자연 속에서 이들은 스스로 자라고 열매를 내고 있다는 것을 깨달았습니다. 각종 벌레들이 땅을 부드럽게 하고 있다는 것도 알게 되었습니다. 죽으러 간 그는 다시 내려와 9년여간 농약과 비료에 의존하지 않고 야생의 힘으로 스스로 열매를 맺게 하기 위해 돌보았습니다. 사과나무를 돌본 끝에 10년 만에 썩지 않는 기적의 사과를 얻습니다.

땅이 변하자 귀한 열매가 맺혔습니다. 땅이 변하는데, 9년이란 시간이 필요했습니다. 땅에 비료와 농약이 빠져나가는 기간이 9년이 된 것입니다. 9년 동안 일을 했더니 땅이 옥토가 되었고 세균은 벌레들이 막아주고 나무 자체에 자생력이 생겨서 웬만한 것은 다 막아냅니다. 그렇게 완전히 변화된 것입니다.

하나님은 사람을 변화시키기 위해 그리고 우리를 복있는 사람이 되게 하시기 위해 우리에게 요구하시는 것이 있습니다. 그것은 내면의 변화입니다. 내면의 변화가 있을 때 변화된 마음밭에서 열매를 맺어감으로 복있는 사람이 되어간다는 것입니다.

이렇게 내면에 변화를 가져오게 하기 위해, 즉 하나님은 사람을 변화시키기 위해 애통하는 마음을 갖는 시간을 갖게 합니다. 애통이란 영적으로 건강해지기 위한 좋은 징조입니다. 징조나 증세가 나타나는 것은 나쁜 것이 아닙니다. 도리어 은혜입니다. 건강에 이상이 있으면 증세가 나타나야 고칠 수가 있습니다. 한센병의 불행이 여기에 있습니다. 아픔을 못 느낀다는 것이다. 그래서 병세가 더욱 악화된다. 증세가 없으면 병을 키우고 나중에는 고치지 못할 상황에 이르게 된다.

그러면 무엇에 대해 애통해야 합니까?

1. 죄에 대한 애통

사람은 몸이 아프거나 잘못한 일이 있으면 증세가 나타납니다. 증세가 나타나면 잘못된 것이나 아픈 부분을 치료하여 건강과 생명을 유지할 수 있는 기회를 얻습니다. 그런데 안 좋은 증세가 나타났음에도 불구하고 그대로 방치하며 최악의 상황으로 치닫게 됩니다.

사람이 잘못한 일이 있으면 양심이 아파야 합니다. 양심이 마비된 사람은 자신이 잘못했는지 아닌지를 알지 못합니다. 이처럼 양심이 마비되면 옳고 그름에 대한 분별력이 없어 잘못된 길로 빠져 들어 불행을 자초하게 됩니다. 그러나 양심에 징조나 증세를 느끼면 자신을 살피며 조심합니다.

영적으로도 마찬가지입니다. 죄를 지으면 영적으로 아파야 정상입니다. 이 증세를 느끼지 못하면 사망에 이르게 되는 가장 불행한 비극을 맞이하게 됩니다. 따라서 죄를 범했으면 영적으로 아픈 것이 은혜입니다.

애통하는 사람이 복있는 사람인 이유는 죄로 인해 사망에 이를 수밖에 없는 죄인이 죄책감을 가짐으로 영적으로 바로 세워지는 계기가 되기 때문입니다. 애통은 자신이 죄인이라는 것을 느끼고 영적으로 흐느끼는 상태입니다. 자신의 부족함을 발견함으로 그동안의 교만과 자기 의에 대한 비통함을 느끼는 것입니다. 자신의 잘못된 과거의 삶에 대해 슬퍼하는 것이 애통입니다. 자신의 무능력을 발견한 심령이 가난한 사람은 자신이 죄인임을 깨닫습니다. 이로 인해 슬퍼합니다. 과거에 자신의 교만을 보니 한없이 창피합니다. 그래서 슬퍼하고 웁니다. 이러한 영적인 아픔은 하나님의 놀라운 은혜입니다. 영적 증세를 느끼는 것은 영적으로 건강해지는 신호탄입니다. 이것을 죄책감이라고 말합니다.

폴 투르니에는 죄책감에 대해 이렇게 말했습니다. "참된 죄책감은 하나님에 대한 죄책감, 다시 말해서 하나님에 대한 인간의 의존 질서가 파괴된 것으로 나타난다"고 하면서 "인간의 참된 죄책감은 마음속 가장 깊은 곳에서 하나님께로부터 질책받는 것들로부터 나온다"고 했습니다.[13]

이로 인해 인간에게는 고난이 뒤따릅니다. 그래서 죄로 인해 발생한 고난으로 인해 애통합니다. 고난을 당하는 이유의 가장 근본적인 원인은 아담의 타락입니다. 다음은 죄로 인한 고난이 옵니다. 또한 잘못된 선택으로 인해 고난을 받습니다. 그리고 하나님께 불순종함으로 인해 고난을 당

---

13) 폴 투르니에, 『죄책감과 은혜』, 추교석 역 (서울: IVP, 2003), 96-97.

합니다.[14] 폴 투르니에는 "유일한 참된 죄책은 하나님을 의지하지 않는 것이다. 그것도 하나님 한 분만을 말이다"[15]라고 말했습니다. 죄책감과 은혜에서 보듯이 하나님을 의지하지 않음으로 하나님과 단절된 사람은 죄로 인해 고난을 겪게 되었습니다. 인간은 하나님이 원하지 않는 모습으로 살아가는 이유들로 인해 고난을 겪습니다. 이러한 죄로 인한 고난 중에 하나님을 의지하고 그분의 도우심을 바라며 슬퍼하고 애통하는 것은 불행이 아니라 하나님의 복입니다.

이 죄는 자신의 죄와 교회와 민족의 죄로 나타납니다.

1) 자신의 죄로 인한 애통

여기에는 신자도 예외는 아닙니다. 하나님의 마음에 맞는 사람이라고 불리는 다윗도 간음죄를 지은 후 이 죄를 무마하기 위해 또 다른 죄까지 짓게 되었습니다. 하나님께서 나단 선지자를 보내셔서 죄를 지적하자 죄로 인해 몹시 괴로워했습니다.

시편 51:3 무릇 나는 내 죄과를 아오니 내 죄가 항상 내 앞에 있나이다.

자신의 죄를 발견하고는 슬퍼하며 기도합니다. 이처럼 죄는 영적, 양심적, 육체적 고통을 가져옵니다. 자신이 만든 고통입니다. 이 고통에서 나

---

14) 이응윤, 『고난, 축복의 통로』 (서울: 쿰란출판사, 2009), 54.
15) 폴 투르니에, 『죄책감과 은혜』, 100.

오는 길은 하나님의 긍휼하심과 용서를 구하는데 있습니다. 다윗이 이렇게 기도했습니다.

시편 51:9 주의 얼굴을 내 죄에서 돌이키시고 내 모든 죄악을 지워 주소서.

죄에 대해 무감각한 것이 불행입니다. 죄를 아는 것, 죄를 발견하는 것, 자신이 죄인이라는 것을 아는 것은 행복입니다. 죄와 불순종, 잘못된 선택으로 인한 고통의 시간에 애통하는 마음이 필요합니다. 이 애통으로 새로운 변화가 일어납니다. 하나님은 애통하며 죄를 자백하고 슬퍼하고 하나님의 용서와 긍휼을 바라는 사람에게 용서를 통해 위로해 주시고 다시 일어설 기회를 허락하십니다. 다윗은 시편 51:17에서 계속해서 고백합니다.

하나님께서 구하시는 제사는 상한 심령이라 하나님이여 상하고 통회하는 마음을 주께서 멸시하지 아니하시리이다.

죄로 인해 심히 슬퍼하며 애통하는 것은 마음밭에 있는 돌들을 제거해 내는 변화입니다. 이것이 제거될 때 말씀의 씨가 뿌리를 내려 열매를 맺게 됩니다.

2) 민족과 교회가 하나님을 떠나 죄를 지음으로 인한 애통

바벨론에 포로로 잡혀간 유대인의 후손 중에 느헤미야라는 사람이 있었습니다. 그는 왕의 술 시중을 드는 직책을 맡았습니다. 어느 날 예루살렘을 방문하고 돌아온 사람으로부터 예루살렘과 성전에 대한 소식을 들었습니다.

> 그들이 내게 이르되 사로잡힘을 면하고 남아 있는 자들이 그 지방 거기에서 큰 환난을 당하고 능욕을 받으며 예루살렘 성은 허물어지고 성문들은 불탔다 하는지라.

이 소식은 느헤미야로 하여금 애통하게 만들었습니다. 그는 이 말을 듣고 앉아서 울고 수일 동안 슬퍼하며 하늘의 하나님 앞에 금식하며 기도하였습니다. 느헤미야는 이런 일이 일어난 모든 원인을 하나님의 백성인 자신과 조상들 그리고 민족의 죄 때문이라고 보았습니다.

> **느헤미야 1:6-7** 이제 종이 주의 종들인 이스라엘 자손을 위하여 주야로 기도하오며 우리 이스라엘 자손이 주께 범죄한 죄들을 자복하오니 주는 귀를 기울이시며 눈을 여시사 종의 기도를 들으시옵소서 나와 내 아버지의 집이 범죄하여 주를 향하여 크게 악을 행하여 주께서 주의 종 모세에게 명령하신 계명과 율례와 규례를 지키지 아니하였나이다.

느헤미야는 성전이 무너지고 불타고 자기 민족이 황폐화되었다는 소식을 듣고는 주저앉아 울면서 슬퍼하며 금식기도를 했습니다. 이 모든 것이 자신과 민족의 죄 때문이라고 진단하고 슬퍼하였습니다.

주님의 몸 된 교회가 하나님께 범죄한 것이 있으면 함께 슬퍼하고 기도해야 합니다. 그런데 만약 주님의 몸된 교회의 아픔을 놓고 슬퍼하며 기도하기보다는 도리어 교회의 아픔과 문제를 소문내고 비방하고 험담하는 것은 복이 없는 사람의 모습입니다. 복있는 사람은 주님의 몸 된 교회가 죄와 실수로 인해 몸살을 앓거든 하나님 앞에 엎드려 애통하며 기도합니다. 참으로 복된 교회와 성도는 나라와 교회에 어떤 문제가 발생하면 하나님 앞에 엎드려 애통하며 눈물을 흘리며 기도합니다. 그럴 때 하나님께서 그 민족을 회복시키시고 그 교회를 하나님이 보수하시고 세우심으로 말미암아 하나님의 은혜와 위로가 넘치는 놀라운 역사들이 일어나는 것입니다. 교회와 민족이 아픔을 겪을 때 누구를 탓할 것이 아니라 교회와 민족의 아픔을 위해 울며 금식하며 기도해야 합니다. 이렇게 할 때 하나님의 위로가 넘치고 회복의 은혜가 주어집니다.

하나님은 눈물을 흘리고 애통하며 민족의 죄를 회개한 느헤미야를 예루살렘으로 보내셔서 성문을 보수하게 하시고 총독으로 세우십니다. 하나님의 위로가 넘쳤습니다. 하나님은 자신이 속한 나라를 위해 더욱 애통하며 기도하기를 원하심을 볼 수 있습니다. 한국교회를 위해 애통하며 금식하며 기도할 때에 하나님은 부흥이라는 선물로 우리를 위로하시고 하나님의 백성들은 복있는 사람이 되어 하나님의 위로를 풍성하게 누릴 것입니다. 하나님은 교회와 민족의 어려움을 놓고 마음 아파하며 하나님 앞에

엎으려 울며 금식하며 기도하는 사람을 위로하시고 존귀하게 하십니다.

이처럼 우리가 잘못해서 하나님의 징계와 심판의 차원에서 받는 고난으로 애통합니다. 때로는 그 고난이 욥이 당한 것과 같이 혹독합니다. 웬만해선 눈물 흘리지 않던 사람도 눈물을 흘릴 정도로 고통스럽습니다. 이런 상황을 벗어나고 고난과 역경을 이겨내는 최상의 길은 죄와 불순종을 회개하고 예수님을 영접하는 것입니다.

죄와 불순종으로 인한 애통은 회개로 이어집니다. 애통하며 회개하는 마음은 부끄러운 것이 아닙니다. 기도 중에 죄로 인해 애통하며 눈물을 흘립니다. 말씀을 듣다가 감격되어 회개의 눈물을 흘리며 새 마음을 갖습니다. 용서에 감격하여 찬양하면서 눈물을 흘립니다. 이러한 징조와 증세들은 하나님이 주시는 엄청난 복입니다. 회개는 하나님의 놀라운 은혜의 수단입니다. 회개는 영적 지우개입니다. 하나님은 죄를 애통하며 회개하는 사람을 십자가의 보혈로 깨끗이 지워주십니다. 그리고 하나님의 위로와 긍휼과 용서 후에 새로운 멋진 그림을 그려갑니다. 예수님은 수고하고 무거운 짐을 진 사람들, 소외된 사람들, 가난한 사람들, 고난 중에 있는 사람들을 따뜻하게 맞아주시고 품어주십니다. 이런 위로가 있습니다.

고난은 또 다른 긍정적인 측면을 가지고 있습니다.

이처럼 고난에는 긍정적 측면도 있습니다. 믿음을 성장하게 하기 위한 연단으로서의 고난이 있습니다. 하나님의 영광을 위한 고난입니다. 하나님께 쓰임 받기 위해 훈련으로서 받는 고난이 있습니다. 하나님의 나라와 복음을 위한 고난입니다. 이러한 것은 우리가 원하는 것은 아닙니다. 우리가 하나님한테 잘못한 것이 아닙니다. 우리가 믿음생활을 열심히 하는데, 고난이 옵니다. 이것 때문에 힘들어 하는 경우들이 있습니다. 회개도 많이 했지만, 어려움이 계속 있습니다. 왜냐하면 이것은 하나님께서 우리에게 더 크고 놀라운 것을 주시기 위해서 우리에게 애통의 시간을 주시는 것입니다. 하나님께 쓰임 받는 사람은 누구나 다 이러한 과정을 통과했습니다. 요셉이 꿈을 가졌습니다. 형님들이 "자, 저기 꿈꾸는 자가 온다"며 비아냥거렸습니다. 요셉이 이와 같이 꿈을 꿨지만 그에게 다가온 것은 형님들의 배반이었습니다. 깊은 구덩이에 던져졌습니다. 거기에서 형님들에게 애걸복걸합니다. 그러나 상인들에게 끌려갑니다. 형님들에게 사정을 합니다. 그러나 형님들은 콧방귀를 뀌면서 등을 돌려 가버렸습니다. 꿈을 가지고 있는데, 하나님이 쓰시겠다고 한 사람인데, 왜 이러한 고난이 있어야 합니까? 왜 이러한 눈물을 흘려야 되고 애통이 있습니까? 하나님이 크게 쓰시기 위해서, 하나님이 그를 존귀하게 하기 위해서 이 애통하는 과정을 겪게 하신 줄을 믿고 우리에게 오는 애통이 도리어 하나님 안에서 복이 될 줄 믿을 때 하나님의 위로가 넘칩니다. 고난은 우리로 하여금 슬퍼하고 애통하게 합니다. 그러나 이 애통이 우리에게 복으로 돌아오기에 위로가 됩니다.

2. 자신의 무능함으로 인한 애통

자신의 한계 속에서 믿음의 성장을 가져옵니다. 사람은 죽음이나 불임,

난치병, 인간관계 등에서 자신이 해결할 수 없는 상황에 처하므로 애통해 합니다.

1) 죽음

죽음은 누구나 겪어야 하는 일이지만 소중한 사람과의 육체적 이별은 우리를 슬픔에 빠뜨립니다. 아브라함은 아내 사라의 죽음 앞에서 애통해 했습니다. 야곱은 사랑하는 아들 요셉이 죽었다는 형들의 거짓된 소식에 심히 애통하며 슬퍼했습니다. 다윗은 사랑하는 친구인 요나단의 죽음을 알고는 몹시 애통하며 고통스러워했습니다. 마르다와 마리아는 오빠인 나사로의 죽음 앞에서 슬픔을 감추지를 못했습니다. 모세나 사무엘과 같은 영적 지도자들이 하나님의 부름을 받았을 때 백성들은 심히 애통하며 슬퍼했습니다. 예수님도 사랑하는 사람 나사로의 죽음 앞에서 눈물을 흘리셨습니다.

하나님은 이러한 애통을 영생이라는 것으로 위로하십니다.

요한복음 11:25-26 나는 부활이요 생명이니 나를 믿는 자는 죽어도 살겠고 무릇 살아서 나를 믿는 자는 영원히 죽지 아니하리니 이것을 네가 믿느냐.

2) 무능력

　한나라는 여인은 아이를 낳지 못했습니다. 당시에 여자가 결혼을 해서 아들을 낳지 못하면 대접을 받지 못했습니다. 한나는 아들을 얻기 위해 갖은 방법을 다 동원했지만 아무 소용이 없었습니다. 한나는 남편의 사랑을 많이 받았습니다. 그러나 남편의 사랑도 아이를 갖지 못하는 상황에서 위로가 되지 못했습니다. 도리어 남편이 자신을 사랑해 주고 열 아들보다 더 귀하다고 위로해 주었지만 도리어 남편에게 더 미안할 뿐 위안이 되지 않았습니다. 이처럼 남편의 위로에도 불구하고 한나는 원통한 마음이 풀어지지 않고 애통한 마음으로 가득 찼습니다. 더 이상 견딜 수가 없었습니다. 그런데 어느 날 한나는 하나님께 소망을 두었습니다. 한나는 이제 전능하신 하나님을 바라봅니다. 그리고 하나님께 구하면 주신다는 약속을 믿고 기도하면 하나님께서 아들을 주실 것이라는 기대감을 갖게 되었습니다. 이 기대감을 행동으로 여겼습니다. 이 여인은 자신을 철저히 비우고 절박한 심정으로 하나님 전에 나아간 것입니다. 자신의 무능을 깨달은 한나는 울고 통곡하며 하나님께 서원기도를 했습니다. 오죽하면 서원기도까지 했겠습니까? 사무엘상 1:10-11 "한나가 마음이 괴로워서 여호와께 기도하고 통곡하며 서원하여 이르되 만군의 여호와여 만일 주의 여종의 고통을 돌보시고 나를 기억하사 주의 여종을 잊지 아니하시고 주의 여종에게 아들을 주시면 내가 그의 평생에 그를 여호와께 드리고 삭도를 그의 머리에 대지 아니하겠나이다." 아들을 낳지 못하는 고통 중에 있는 자신을 기억해 주시기를 하나님께 서원하며 기도했습니다. 엘리 제사장이 한나의 기도를 술 취한 줄로 생각하고 포도주를 끊으라고 하자 사무엘상 1:15-16에서 자신의 심정을 이렇게 말했습니다.

> 한나가 대답하여 이르되 내 주여 그렇지 아니하나이다 나는 마음이 슬픈 여자라 포도주나 독주를 마신 것이 아니요 여호와 앞에 내 심정을 통한 것뿐이오니 당신의 여종을 악한 여자로 여기지 마옵소서 내가 지금까지 말한 것은 나의 원통함과 격분됨이 많기 때문이니이다 하는지라.

한나는 아들이 없어 마음이 슬픈 여자, 원통함과 격분됨이 많은 여자였습니다. 그래서 '하나님 제게도 아들을 주세요'라고 절박한 심정으로 하나님을 찾았습니다.

하나님은 슬피 애통하며 울고 기도한 한나의 기도를 들으시고 아들 사무엘을 주셨습니다. 이 아들이 나중에 민족의 영적 지도자로 세워졌습니다. 그뿐만 아니라 세 아들과 두 딸을 더 주셔서 모두 6남매를 선물을 주셨습니다. 하나님은 이렇게 애통하며 사모하는 한나의 기도를 들으시고 사무엘을 주심으로 그동안 마음고생하고 힘들었던 것을 위로해 주셨습니다. 이처럼 하나님은 한 여인이 아들을 얻기 위한 기대감을 가지고 절박한 심정으로 슬피 울고 통곡하며 드린 기도를 들으시고 응답하심으로 큰 위로를 부어 주셨습니다.

우리가 자녀를 낳고 키우면서 자녀들을 위해 기도할 일이 생깁니다. 어렸을 때 기도할 수밖에 없는 힘든 일들이 있을 수 있습니다. 하나님은 귀한 자녀들을 쓰시기 위해 애통하며 기도하게 하십니다. 그리고 하나님은 기도로 낳고 기도로 키운 자녀를 존귀하게 하심으로 위로하십니다. 따라서 포기하지 말고 하나님께 애통하며 간구할 줄 아는 사람이 복있는 사람입니다.

3) 인간관계

사람이 살면서 마음이 힘들 때가 환경에 의할 때도 있지만 사람에 의해 시험을 당하고 괴로울 때가 참 많습니다. 다윗이 인간관계에서 오는 근심으로 인해 하나님께 이런 기도를 드렸습니다.

> **시편 55:1-13** 하나님이여 내 기도에 귀를 기울이시고 내가 간구할 때에 숨지 마소서 내게 굽히사 응답하소서 내가 근심으로 편하지 못하여 탄식하오니 이는 원수의 소리와 악인의 압제 때문이라 그들이 죄악을 내게 더하며 노하여 나를 핍박하나이다 내 마음이 내 속에서 심히 아파하며 사망의 위험이 내게 이르렀도다 두려움과 떨림이 내게 이르고 공포가 나를 덮었도다 나는 말하기를 만일 내게 비둘기같이 날개가 있다면 날아가서 편히 쉬리로다 내가 멀리 날아가서 광야에 머무르리로다.

다윗은 원수와 악인들이 압제와 모함, 핍박으로 인해 공포와 두려움 속에 있었고, 멀리 도망가고 싶어했습니다.
이런 인간관계에서 겪는 어려운 상황에서 다윗은 하나님을 전적으로 의지합니다.

시편 55:16-17 나는 하나님께 부르짖으리니 여호와께서 나를 구원하시리로다 저녁과 아침과 정오에 내가 근심하여 탄식하리니 여호와께서 내 소리를 들으시리로다.

다윗은 인간관계의 어려움 속에서 하나님을 온전히 의지하였습니다. 어떤 상황에서도 하나님만 의지하며 하나님께 소망을 두고 살아감으로 말미암아 주 안에서 더욱더 하나님께 감사와 찬송의 제사를 올려드리게 되었습니다. 사람들이 자신을 괴롭히는 상황에서 하나님을 의지하였더니 하나님이 건지심으로 위로하셨습니다.

때로는 사람과의 관계 속에서 불편하고 힘든 상황에 놓일 수 있습니다. 부부, 친구, 가까웠던 사람, 직장동료, 교인, 이웃 등과의 관계에서 오해와 불신 등 여러 요인으로 불편한 관계가 있을 수 있습니다. 이때에도 하나님께 애통하며 간구할 때 하나님은 우리를 건지시고 평안하게 하십니다.

이와 같이 사람은 살면서 애통할 일, 즉 심히 마음이 아파 통곡하고 슬피 울 때도 있습니다. 이러한 힘든 상황에서 인간의 방식으로 해결하려고 하기보다는 하나님 앞에 나아와 애통하는 마음으로 하나님께 기도하는 것이 아픔을 해결하는 가장 빠른 길입니다. 하나님은 슬피 울며 애통하는 사람을 위로하시고 도우시고 문제를 해결해 주시고 기도에 응답해 주십니다. 그래서 슬피 울며 애통하는 사람이 복있는 사람입니다. 하나님 없이는 살 수 없음을 깨닫고 미리 애통하는 것이 지혜입니다. 민족과 교회, 가정이 살 길은 하나님의 도우심을 구하는 길밖에 없습니다. 애통하면서 눈물 흘리면서 기도하는 것이 가장 지혜로운 방법입니다. 우리가 살기 힘든 상황에서 애통할 일이 있을 때 울음을 참지 말고 마음껏 우는 것도 은혜입니다. 애통하며 눈물을 쏟아내는 것은 마음속에 맺힌 것들을 하나님께 다 내려놓는 것입니다. 하나님은 애통하며 눈물을 흘리는 사람을 긍휼히 여기십니다. 눈물을 흘리지 아니하면 하나님께서 눈물을 흘리게 하셨습니다. 하나님 앞에 슬피 애통하며 나아갈 때 하나님의 사랑과 위로가 영혼에 풍성해집니다. 이로 인해 마음밭이 더욱 새로워져 열매를 맺기에 합당한 사람이 되어갑니다. 즉 슬퍼하는 내면의 변화는 우리의 영혼을 즐겁게 변화시킵니다. 사람이 울고 나면 속이 다 후련하듯이 영적인 슬픔도 영적 시원함을 가져다줍니다. 이렇게 영적인 상태가 달라진 사람을 하나님은 위로하시고 요한복음 15:2의 말씀처럼 열매를 맺게 하십니다.

> 무릇 내게 붙어 있어 열매를 맺지 아니하는 가지는 아버지께서 그것을 제거해 버리시고 무릇 열매를 맺는 가지는 더 열매를 맺게 하려 하여 그것을 깨끗하게 하시느니라.

애통하는 사람은 그 속에 있는 불필요하고 부러지고 썩은 가지들을 제거하고 예수님으로 충만해져 갑니다. 예수님이 거하시는 사람에게는 열매가 풍성히 맺힙니다. 열매를 맺는 복있는 사람으로 새로워집니다. 열매를 맺게 하는데, 항상 맺게 하시고 우리가 예수님의 이름으로 무엇을 구하던지 하나님이 다 응답하시는 놀라운 복된 사람으로 세워져 간다는 것입니다.

3. 영혼구원을 위한 애통

애통의 최고점은 영혼을 구원하기 위해 슬퍼하며 애통하는 것입니다. 예수님은 죄인들을 구원하시기 위해 십자가에서 한없이 애통하셨습니다.

> **히브리서 5:7** 그는 육체에 계실 때에 자기를 죽음에서 능히 구원하실 이에게 심한 통곡과 눈물로 간구와 소원을 올렸고 그의 경건하심으로 말미암아 들으심을 얻었느니라.

예수님 십자가를 지실 때에 겟세마네 동산에서 땀방울이 핏방울이 되도록 예수님은 영혼을 살리기 위해서 통곡을 하시고 눈물을 흘리시면서 기도하신 후 십자가를 지셨습니다. 십자가 위에서 "아버지여 저들의 죄를 사하여 주시옵소서"라고 기도하셨습니다. 예수님은 죄가 없으십니다. 그런데 죄인들의 영혼을 살리기 위해 친히 십자가를 지시면서 이와 같이 고통의 시간을 보내셨습니다. 그러나 하나님은 예수님을 죽은 자 가운데서 다시 살아나게 하시고 예수님이 부활하심으로 말미암아 여러분과 제가 이 땅에 있는 수많은 사람들이 예수님의 이름으로 구원받게 하셨습니다. 영혼구원을 위해 애통하며 기도할 때 하나님은 구원으로 위로해 주십니다. 구원에 참여하지 못한 가족이나 사랑하는 사람 그리고 이 땅의 모든 영혼들을 위해 하나님 앞에 무릎 꿇고 애통하며 "하나님 저 영혼 불쌍히 여겨주시고 구원하여 주시옵소서"라고 기도할 때에 하나님께서 우리의 애통의 기도를 기억하시고 그 영혼들을 찾아가셔서 만나시고 움직이시고 변화시켜서 교회에 나와 예수님을 영접하고 구원받게 하실 것입니다. 영혼 구원을 위해 애통하며 기도하신 예수님과 같이 기도해야 할 사명이 믿는 자에게 있습니다.

> **누가복음 23:34** 이에 예수께서 이르시되 아버지 저들을 사하여 주옵소서 자기들이 하는 것을 알지 못함이니이다 하시더라.

예수님은 십자가에 달리신 상태에서도 죄인들의 죄를 사해 달라고 애통하며 기도하셨습니다. 예수님은 죄인들의 죄를 사하시고 구원하시기 위해 십자가에서 엄청난 고통을 참으시면서 외치셨습니다. "엘리 엘리 라마 사박다니 나의 하나님 나의 하나님 어찌하여 나를 버리셨나이까" 하나님은 예수님을 죽은 자 가운데서 살아나게 하심으로 예수님은 승리하셨고 우리는 예수님과 더불어 영생을 얻게 되었습니다.

이처럼 영혼 구원을 위해 애통하며 기도할 때 영혼 구원으로 인한 위로가 넘칩니다. 이상에서 애통하는 내용들을 살펴보았습니다. 그러면 애통에 대해 어떻게 반응해야 하는지를 살펴보겠습니다.

애통의 상태에서 사람은 두 가지 반응을 보입니다.

첫째는 자포자기입니다. 어려운 상황에 처하면 모든 것이 다 끝났다고 생각하고 포기하는 사람들이 있습니다. 살아가는 것 자체를 포기합니다. 전에 대기업 회장님이 건물에서 뛰어내려 죽었습니다. 아버지 잘 만나서 아버지가 큰 기업을 물려주어 승승장구하며 호강한 사람, 돈도 많고 젊은 나이에 명예까지 얻은 사람인데, 자살했습니다. 자살 이유에 대해 경영압

박을 견디지 못해 자살했다고 했습니다. 이 기사가 신문에 났을 때 김진홍 목사님이 이런 말을 했습니다.

> 회사를 경영하면서 힘들다고 자살하면 이 세상에서 살아 있을 사람은 한 사람도 없다.

둘째는 소망을 갖습니다. 예수님을 믿는 사람은 성령의 내적 역사로 인하여 애통 중에 소망을 갖습니다. 그래서 애통하는 사람은 복이 있는 사람이라는 것입니다.

로마서 5:3-4 다만 이뿐 아니라 우리가 환난 중에도 즐거워하나니 환난은 인내를 인내는 연단을 연단은 소망을 이루는 줄 앎이로다.

믿음의 사람은 환난 중에 애통하면서도 소망을 갖습니다. 이것이 변화요, 은혜입니다. 변하니 소망을 갖습니다. 그래서 이러한 영적인 변화가 있는 사람, 이 사람이 바로 열매를 맺기 합당한 사람으로 변화되어져 가는 과정이라는 것입니다.

애통하며 하나님을 찾으면 마음의 슬픔이 기도로 바뀝니다. 애통하며 하나님께 절박함 심정으로 기도합니다. 기도하면 불안이 평안으로 바뀝니다. 사람이 불안해 하는 가장 큰 이유는 죄 때문입니다(이 죄에 대해서는 이미 앞에서 다루었기 때문에 더 이상 거론하지 않겠습니다). 불안의 또 다른 이유는 확신이 없기 때문이다. 자기 자신에 대해 확신이 없습니다. 현재 일어나고 있는 일들에 대해 대처할 능력과 지혜가 없습니다. 자기 자신조차도 믿을 수 없는 상황입니다. 그러므로 사람은 불안합니다. 사람이 하나님 앞에서 애통하며 기도해야 할 분명한 이유는 하나님만이 인생의 모든 것을 해결하실 수 있는 분이시기 때문입니다. 애통하며 기도하면 하나님의 존재와 임재에 대한 확신, 하나님의 구원과 사랑, 능력과 지혜, 응답과 돌보심 그리고 위로 등에 대한 확신을 갖습니다. 이와 같은 확신은 비전을 갖게 합니다. 그러므로 애통으로 시작된 기도가 하나님의 위로 속에 찬송으로 바뀝니다.

> **시편 42:5** 내 영혼아 네가 어찌하여 낙심하며 어찌하여 내 속에서 불안해 하는가 너는 하나님께 소망을 두라 그가 나타나 도우심으로 말미암아 내가 여전히 찬송하리로다.

문학평론가, 수필가, 교육자, 이화여대 명예교수, 초대 문화부 장관을 지낸 이어령 교수님이 2007년 7월 24일에 세례를 받았습니다. 한 사람이 세례받는 날까지 이렇게 알려질 정도라는 것은 이 사람이 얼마나 기독교와 반대되는 생활을 해왔는지 보여주고 있는 것입니다. 현대 지성인을 대표할 수 있는 사람이기에 관심이 많았습니다. 이분은 자신의 변화에 대해 최근에 나온 책으로 표현했습니다.[16)]

이분이 하나님 품으로 돌아오게 된 계기는 딸의 고난 때문이었습니다. 변호사인 딸은 암과 시력 장애가 있었고 손자는 자폐증을 가지고 있었습

---

16) 이어령, 『지성에서 영성으로』 (파주: 도서출판 열림원, 2010).

니다. 한국을 대표할 만한 지성인은 앞에서는 화려했지만 뒤에서는 이런 아픔을 가지고 있었습니다. 딸과 손자 때문에 애통했습니다. 딸의 괴로움 때문에 눈물을 흘렸습니다. 화려한 인생 뒤에는 남에게 말 못할 슬픈 가족사가 있었습니다. 그는 인터뷰에서 이런 말을 했습니다.

절망해보지 않은 사람은 절대로 영성을 가질 수 없습니다. 자기 파괴라는 극적인 것이 없이는 영성을 갖기 힘듭니다. 그래서 세속적으로 편안한 사람은 하나님을 받아들이기 힘든 것이죠. 자기 절망을 계기로 영성의 세계로 던져 넣어지게 되는 것입니다. 세례를 받으면서 무릎을 꿇었습니다. 평생 무릎 꿇어본 적이 없었습니다. 나중에 무릎 꿇고 기도하는 영상을 보니 충격적이었습니다. 죄수 같았습니다. 기쁨보다는 고통의 느낌이 있었습니다. 세례를 받으면서 아이가 태어나면서 왜 우는지 그 이유를 알았습니다. 저의 딸 민아(이민아 변호사)는 암과 시력장애 그리고 아이의 문제를 모두 신앙심으로 극복했습니다. 간단하게 말하면 혈육의 아버지 힘이 아니라 하늘의 하나님이 고쳐 주신 것이지요. 민아와 손자의 질병은 치유를 받았습니다. 민아의 문병을 갔던 하와이의 작은 교회에서 저는 처음으로 기도했습니다. '하나님, 나의 사랑하는 딸에게서 빛을 거두지 않으신다면 남은 삶을 주님의 자녀로 살겠나이다'라고요. 하나님을 만나게 된 것은 민아의 체험이 계기가 됐습니다. 그러나 저는 기적 때문에 기독교를 받아들인 것은 아닙니다. 기적은 목적이 아닙니다. 지금 하나님께서 병을 고쳐 주셔도 언젠가는 누구나 죽게 됩니다. 그러므로 이 지상의 진짜 기적은 단 하나, 부활과 영원한 생명입니다.

그는 고난 중에 애통했습니다. 애통하는 중에 하나님의 위로와 소망을 발견하고 영원을 바라보는 생명의 빛으로 바뀌었습니다. 사랑하는 성도님들이여. 혹시 고난 중에 애통하는 분이 있습니까? 인생이 살기 너무 힘들어서 포기하고 싶은 마음이 들 때도 있습니까? 열심히 공부를 하는데 결과는 주어지지 않아서 괴로워하는 분이 있습니까? 괴로워 하세요. 눈물 흘리세요. 그리고 하나님 앞에 엎드려 하나님을 의지하시고 하나님 저를 도와주십시오! 심령의 변화가 일어날 때 하나님께서 여러분을 윤화하시고 여러분을 복있는 사람으로 축복의 길을 걸어가는 사람으로 하나님이 인도하여 주실 것입니다. 감추지 마세요! 솔직하세요! 우리만 겪는 게 아닙니다. 누구나 다 겪습니다. 이 가운데서 예수님이 소망을 두고 애통하는 마음으로 나아갈 때 하나님께서는 그 사람의 길을 열어 주실 것입니다.

슬피 울며 애통하는 사람은 복있는 사람입니다. 복있는 사람은 삶에서 늘 하나님의 위로를 받습니다. 애통은 기도로 이어집니다. 절대자이신 하나님을 전적으로 신뢰하게 되고 그 신뢰는 애통을 소망으로 바꿉니다. 절망적인 상황에서도 소망의 끈을 놓지 않고 이겨 나갑니다. 이런 사람이 참된 그리스도인이요, 천국백성입니다. 하나님은 이런 사람을 포기하지 않고 붙드십니다. 세우십니다. 더욱 좋은 것으로 위로하십니다. 슬픈 상황에서 애통하며 기도할 때 하나님은 도우시고 부르짖음을 들으시고 필요를 채워주시고 기쁨으로 단을 거두게 하십니다. 이러한 하나님을 바라보는 지혜와 예수님의 십자가를 묵상하며 부활의 소망을 갖고 이겨 나가는 용기가 필요합니다. 그리할 때 성 삼위 하나님은 우리를 가르치시고 동정하시고 위로하시고 용기와 힘을 주시며 회복시켜 주십니다.

Eight Steps For Living As God's People

제 6 장

세 번째 계단: 길들이기
길들여진 온유한 사람은 땅의 복을 받습니다

마태복음 5:5 온유한 자는 복이 있나니 그들이 땅을 기업으로 받을 것임이요.

사람의 삶의 유형을 세 종류로 볼 수 있습니다. 첫째는 쉽게 포기하는 사람입니다. 꿈은 있으나 장애물이나 어려움이 있으면 쉽게 포기하는 사람입니다. 둘째는 현실안주형입니다. 도전도 모험도 싫고 현실에만 집착하는 사람입니다. 셋째는 도전하는 사람입니다. 목표한 바를 이루고자 끊임없이 자기를 개발하며 비전을 위해 도전하는 사람입니다. 그리스도인들의 신앙유형도 이 세 부류 중에 하나에 속해 있습니다. 어떤 사람은 천국가는 그날까지 신앙을 지켜야 하는데, 중간에 포기하는 사람이 있습니다. 이 사람들은 목적지에 도달할 수 없는 것이 당연한 사실입니다. 그리고 신앙생활을 현실에 안주에서 편안히 지내려는 사람들이 있습니다. 그리고 천국에 갈 때까지 신앙을 포기하지 않고 계속 지속시켜 나가는 사람들이 있습니다. 이러한 도전은 예수님 안에서 복있는 사람으로 바뀌어져 갑니다. 그리고 끊임없이 복있는 사람이 되고자 몸부림치며 살아갑니다. "하나님 저는 복있는 사람이 되고 싶습니다. 하나님 저는 복된 인생을 살고 싶습니다"라는 비전을 가지고 나아갑니다. 하나님은 성경을 통해 우리에게 목적지향적인, 미래지향적인 삶을 살아가도록 분명하게 말씀을 하셨습니다. 하나님이 산에서 설명하신 산상설교 중 팔복은 인간 행복의 본질을 말하고 있습니다. 우리가 이것을 위해서 포기하지 않고 끝까지 도전하며 올라가는 그러한 목적을 성취하고자 달려가는 그러한 사람들이 되라고 예수님은 말씀을 하고 계십니다.

팔복의 의미를 다시 말하자면, 하나님의 백성답게 살라는 것입니다. 즉 세상의 방식으로 살지 말고 믿음의 방식으로 살라는 것입니다. 믿음의 방식이란 예수님이 우리에게 가르쳐 주신 말씀의 방식입니다. 이 방식으로 살면 복있는 사람이 됩니다. 이렇게 복있는 사람이 되려면 변화가 요구됩니다. 예수님은 팔복을 통해 사람이 어떻게 변해야 하는지를 가르치고 계십니다. 이 가르침을 수용하는 사람은 변화를 수용합니다. 이 변화는 하늘의 복과 땅의 복으로 충만하게 하리라고 약속을 굳게 붙들고 포기하지 않고 도전합니다. 진정한 행복은 미래의 하나님의 나라에 갈 백성, 우리가 이 땅에서 사는 동안에도 하나님의 선하심과 인도를 따라 살다가 천국에 가는 데에 있는 것입니다. 복있는 사람은 이러한 도전을 두려워하지 않습니다. 따라서 변화를 겸허히 수용합니다.

이미 앞에서 '비우기', 즉 심령이 가난한 자가 복이 있나니 천국이 저희 것이라는 복과 슬퍼하기, 즉 애통하는 자는 복이 있나니 그들이 위로를 받을 것임이라는 복에 대해 생각해 보았습니다. 이 장에서는 예수께서 온유한 사람이 복이 있다고 하셨는데, 그 의미를 생각해 보겠습니다.

1. 온유의 중요성

1) 온유는 겸손과 더불어 예수님의 대표적인 성품 중 하나입니다

마태복음 11:29 "나는 마음이 온유하고 겸손하니 나의 멍에를 메고 내게 배우라 그리하면 너희 마음이 쉼을 얻으리니"에서 보듯이 온유는 예수님 자신이 친히 말씀하신 성품입니다.

2) 천국백성의 영적 성품입니다

- 온유는 사랑의 한 부분입니다. 고린도전서 13:4 "사랑은 오래 참고 사랑은 온유하며…"에서 사랑의 중요한 요소임을 알 수 있습니다.
- 온유는 성령의 열매 중 하나입니다. 갈라디아서 5:22-23 "오직 성령의 열매는 사랑과 희락과 화평과 오래 참음과 자비와 양선과 충성과

온유와 절제니 이 같은 것을 금지할 법이 없느니라."
- 온유는 지혜롭게 행하는 기준입니다. 야고보서 3:13 "너희 중에 지혜와 총명이 있는 자가 누구냐 그는 선행으로 말미암아 지혜의 온유함으로 행함을 보일지니라."
- 온유는 영적 지도자에게 필요한 성품입니다. 고린도전서 4:21 "너희가 무엇을 원하느냐 내가 매를 가지고 너희에게 나아가랴 사랑과 온유한 마음으로 나아가랴."

이처럼 온유는 예수님의 대표적인 성품으로 하나님 나라의 백성과 예수님의 제자에게 반드시 필요한 성품입니다.

2. 온유의 어원적 의미

구약에서의 온유라는 단어는 '아나와'로 자기를 낮춤, 괴롭힘을 당함, 겸손함이란 뜻을 지닙니다.[17] 그런데 이것이 명사가 되면 '아니'로 온유한 사람이 됩니다. 구약에서 말하는 이 말은 '곤궁과 슬픔 속에서 겸손하게 하나님의 도움을 바라는 자'라는 뜻입니다. 살다보면 곤궁에 처할 때도 있고 슬픔에 잠길 때도 있습니다. 그럴 때에 겸손하게 하나님의 도우심을 구하라는 것입니다. 온유는 하나님과의 관계에서 설명이 되어지는 것입니다. 즉 하나님을 의지하여 도움을 바라는 겸손한 자를 의미합니다.

---

17) 『비전성경사전』, 976.

신약에서의 온유라는 단어는 '프라우스'로 구체적인 대상에 대해 온화하고 부드러우며 허세를 부리지 않을 뿐 아니라, 더 나아가서는 자기에게 악을 행하는 자에 대해서도 오래 참는 것을 가리킨다.[18]

온유란 단어를 종합해서 볼 때 다음의 세 가지 의미로 볼 수 있습니다.

- 일반적으로 '부드러움', '나약함'이란 의미입니다.
- 구약의 의미와 같이 온유는 겸손과 결합되어 사용됩니다.

마태복음 11:29 "나는 마음이 온유하고 겸손하니 나의 멍에를 메고 내게 배우라"에서도 예수님의 성품에 대해 온유와 겸손을 동시에 말하고 있습니다.

- '길들임'의 의미입니다.

온유한 사람은 다른 사람에 대해 선의를 갖는 것은 물론 자신의 피조물 됨과 하나님의 창조주 되심의 관계를 인정하고 하나님의 뜻에 절대 순종하는 사람을 의미합니다.[19] 이 말은 하나님께 순종하도록 길들여져 간다고 볼 수 있습니다.

야생마는 길들여지지 않으면 자기 마음대로 날뜁니다. 사람이 다룰 수 없게 거칠고 난폭하며, 공격적입니다. 이런 야생마를 유용하게 활용하려면 길들여야 합니다. 야생마는 장점이 많습니다. 먼저 들판을 뛰어다녔기에 근육이 튼튼합니다. 날씨 등 외적 환경에도 잘 적응이 되어 있습니다. 생존을 위해 야성도 발달되어 있습니다. 이런 야생마를 잘 길들이면 명마가 됩니다. 훈련을 통해 말이 사람 말을 듣도록 길들이고 사인에 맞춰 움

---

18) 『그랜드종합주석』, 216.
19) 『그랜드종합주석』, 216.

직이도록 길들입니다. 이러한 과정을 거쳐 명마로 다시 태어납니다. 경마에서 좋은 성적을 내려면 조련사와 기수의 말에 길들여져 있어야 합니다. 전쟁터에서 승리하려면 장수의 말에 길들여져 있어야 합니다. 이처럼 말이 길들여져 사람의 말을 잘 듣도록 변화된 성품이 온유입니다.

피겨 스케이팅 선수들은 공중 3회전을 하기 위해 보통 3천 번 이상 점프를 하는 훈련을 합니다. 이러한 훈련을 통해 길들여져 실제 대회에서 거뜬히 3회전을 할 수 있었습니다. 축구선수들이 그렇게 공을 차는 훈련을 해도 경기 때는 슛이 빗나가기도 하고 어쩌다가 골을 넣습니다. 우리는 '공만 차는 사람들이 골을 성공시키지 못할까'라고 하지만 기량이 뛰어난 선수들끼리 경기를 하기에 골을 넣는 것이 쉽지가 않습니다. 그나마 축구선수로 길들여져 있기 때문에 실력을 발휘할 수 있는 것입니다.

이처럼 '온유하다'는 것은 부드럽고 겸손하고 잘 길들여진다는 의미를 가지고 있습니다. 온유한 사람이 복이 있다는 말은 야생적이었던 사람, 즉 하나님 말씀에 불순종하여 거칠고 난폭하던 사람이 창조주인 하나님께 순종하도록 길들여져 명품 신앙인으로 변모되는 것을 말합니다. 온유한 사람이란 이처럼 천국백성으로서 겸손히 하나님께 순종하는 사람입니다. 이 순종은 부드러움을 요구합니다. 하나님의 말씀에 반항하지 않고 늘 부드러운 자세로 순종합니다. 따라서 온유한 사람이란 하나님의 말씀에 부드러운 마음으로 겸손히 순종하는 사람, 즉 하나님의 사람으로 변화되어진 사람입니다. 예수님은 이처럼 하나님의 사람과 성품으로 다듬어진 사람을 복있는 사람이라고 하셨습니다.

다시 말해서, 예수님 안에서 영적, 성품적으로 새롭게 변화되어 하나님께 적극적으로 순종하는 사람으로 길들여지는 것이 온유입니다. 그러므로 온유한 사람은 어떠한 환경과 조건 속에서도 겸손히 하나님만 의지하고 하나님의 말씀에 부드럽게 순종하는 하나님의 사람으로 하나님이 주실 복을 누리기에 합당한 영적이고 성품적인 변화가 일어난 사람입니다.

김익두 목사님은 황해도 안악군 대원면 평촌의 부유한 집의 독자로 태어나 부모님의 사랑을 받으며 자랐습니다. 그러나 아버지의 죽음으로 인해 집안이 가난해지자 점점 기질이 난폭해지더니 깡패가 되어 사람들을 괴롭혔습니다. 혹시 누가 건드리기만 하면 마구 때리고 닥치는 대로 집이나 물건을 부수었습니다. 그는 매일 술에 취해서 살았습니다. 이런 김익두를 사람들은 '안악골의 호랑이'라고 불렀습니다. 이런 일화가 있습니다. 어느 선술집에서 있었던 일입니다. 술을 마신 김익두는 주막집 주인이 술값을 내라고 하나 술상을 뒤엎으며 난동을 부렸습니다. 주막집 주인은 이 청년을 그냥 보낼 수밖에 없어 보낸 후 화를 내며 욕설을 퍼부었습니다.

"누가 저 놈 잡아가지도 않나? 저런 놈은 이 세상에 아주 필요 없는 나쁜 놈이야!"

이후 이렇게 망나니와 깡패 생활을 하던 김익두는 안악교회의 스왈론 선교사님을 통해 예수님을 영접하게 되었습니다. 예수님을 영접한 김익두는 매일 소리 내어 울고 성경을 읽는다고 며칠 동안 밥도 먹지 않고 잠도 자지를 않았습니다. 남을 늘 괴롭히던 깡패의 모습은 온데간데없고 그리스도인으로 변화되어 갔습니다.

1901년 김익두는 재령읍교회 전도사로 하나님의 일을 시작했고 평양신학교를 졸업하여 목사 안수를 받았습니다. 그는 전국 교회를 돌아가면서 부흥집회를 인도했는데, 그때마다 앉은뱅이, 소아마비, 귀신들린 자, 불치병자 등 수많은 사람들이 치유되는 기적이 일어났습니다. 전국을 순회하면서 복음을 전한 한국 최초의 부흥사 목사가 되었습니다. 황해노회장과 총회장을 역임했습니다. 그리고 김익두 목사님은 6·25전쟁이 일어난 해에 공산당에 의해 총살을 당함으로 거룩한 순교를 하였습니다.

이것이 천국백성, 하나님의 사람으로 길들여져 변화를 가져온 사람의 모습입니다. 하나님은 길들여진 사람을 하나님 나라를 위해 아름답게 쓰십니다.

길들여지지 않은 것이 얼마나 위험한지를 이스라엘 백성들의 광야생활에서 엿볼 수 있습니다. 하나님은 출애굽한 이스라엘 백성들을 말씀과 능력으로 이적과 기사로 인도하셨습니다. 이러한 은혜를 입은 이스라엘 백성들을 자신들의 욕구가 채워지지 않으면 무조건 하나님과 모세를 원망했습니다. 그들이 가나안 땅에 들어가지 못한 치명적 약점은 하나님의 약속을 끝까지 바라보지 못하고 작은 일에도 흔들려서 하나님을 원망했습니다. 이러한 모습은 온유하지 못한 모습입니다. 온유한 사람은 광야에서 목이 마르고 먹을 것이 없더라도 하나님께 감사하며 그분을 따르며 사랑하는 믿음의 사람입니다. 하나님은 광야에서 이러한 믿음을 원하셨습니다. 그들은 온유하지 못해 가나안 땅에 들어가지 못했습니다.

  온유한 사람은 현재의 상황이 좋든 안 좋든 하나님의 약속을 끝까지 바라보고 의지하며 인내하고 살아갈 줄 아는 성품을 가진 믿음의 사람입니다. 어떠한 역경에 처해 있다 할지라도 선하신 하나님께서는 의로운 자를 끝까지 보살필 것이라는 믿음을 유지하도록 길들여진 사람이 온유한 사람입니다. 하나님은 광야에서 이스라엘 백성들에게 이러한 온유한 믿음의 성품을 원하셨습니다. 가나안 땅에 대한 하나님의 약속을 바라보고 광야에서도 겸손히 하나님께 순종하는 온유한 사람이 되는 것입니다.

  예수님은 제자들이 하나님의 사람으로 길들여진 온유한 사람이 되기를 원하셨습니다. 예수님은 천국백성에게 온유한 성품의 소유자가 되라고 하셨습니다. 이런 성품의 소유자가 복있는 사람으로 땅을 기업으로 받게 될 것을 약속하셨습니다.

3. 온유한 사람으로 길들이기 위한 훈련

  온유한 사람이 되는 것은 하나님의 사람으로 길들여져 가는 것입니다. 길들이기 위해서는 훈련이 요구됩니다. 이 훈련은 자기가 중심이 되어 자기 마음대로 살던 사람이 하나님 중심으로 살아가도록 길들이는 것입니다. 세상의 방식으로 살던 사람들이 믿음의 방식으로 살아가도록 길들입니다. 하나님의 능력과 지혜를 구하는 사람으로 길들입니다. 하나님의 은혜를 아는 사람으로 길들입니다.

이러한 길들임의 과정을 통해 하나님께 전적으로 순종하는 사람이 됩니다. 이 순종은 어떤 상황에서든지 변하지 않는 신앙의 순종입니다. 이것이 온유한 사람의 모습입니다. 온유한 사람은 순종합니다. 하나님은 잘 훈련되어 하나님의 말씀에 순종하는 사람을 사용하십니다.

그러면 어떤 훈련들이 필요합니까?

1) 경건훈련

사람이 달라지면 180도 달라졌다고 말합니다. 온유한 사람은 하나님의 사람으로 180도 달라진 사람이 되는 것입니다. 하나님의 사람으로서의 삶을 경건한 삶이라고 부릅니다. 경건한 삶이란 세상의 방식과 논리 그리고 세상의 가치관대로 살다가 이제는 하나님의 말씀 안에서 기독교적인 역사관과 가치관을 가치고 살아가는 것입니다. 경건은 다른 말로 거룩한 삶입니다. 이러한 삶은 디모데전서 4:5 "하나님의 말씀과 기도로 거룩하여짐이라"의 말씀처럼 하나님의 말씀과 기도로 훈련되어짐으로 이루어집니다.

경건의 시간을 QT(Quite Time)라고 하는데, 이 시간은 하나님과 우리 자신이 일대일로 만나는 것입니다. 이 시간을 통해 하나님의 말씀을 읽고 묵상하면서 하나님 말씀대로 살겠다고 다짐하며 삶에 적용시키는 것입니다. 이렇게 자신을 살피며 새로운 각오와 결단을 내리고 하나님 뜻대로 살겠다고 다짐하면서 하나님께 겸손한 모습으로 순종하는 온유한 사람으로 길들여져 갑니다. 경건훈련을 통해 하나님을 의지하는 훈련, 하나님과 동행하는 훈련, 어떤 상황에서도 하나님께 순종하는 훈련을 합니다. 이러한 훈련은 하나님과의 관계를 부드럽고 올바르게 지속시켜 나감으로 하나님께 순종하는 삶으로 바꿉니다. 경건훈련은 천국백성으로, 하나님의 사람으로 길들여갑니다. 이 과정을 겪으면서 자신도 모르는 사이에 하나님이 원하는 삶, 방식으로 살아가게 됩니다.

경건훈련의 가장 중요한 목적은 사랑하는 사람이 되어 가는 데 있습니다. 하나님을 사랑합니다. 그리고 사람을 사랑합니다. 즉 하나님을 사랑하기에 순종하는 사람이 되어 갑니다. 우리의 삶에서 일어나는 모든 상황에서도 하나님이 합력하여 선을 이루어 가심을 확신하여 흔들리지 않는 믿음을 유지합니다. 인간관계에서는 하나님의 사랑 안에서 부드러운 자세를 취하면서 사랑할 줄 아는 사람으로 길들여져 갑니다. 경건훈련의 목적은 사랑의 사람이 되는 것입니다. 하나님을 사랑하고 이웃을 사랑합니다.

예수님이 겟세마네 동산에서 기도하시고 난 후, 가룟 유다와 병사들이 기회를 노리고 예수님을 체포했습니다. 이때 열심당원이었던 베드로가 칼을 꺼내어 대제사장의 종을 쳐서 귀를 잘랐습니다. 이 상황은 베드로가 예수님을 보호해드리고 예수님을 위해서 한 일입니다. 베드로가 예수님을 방어해드리고자 하는, 예수님을 사랑하는 마음으로 한 것입니다. 이것이 베드로의 방식이었습니다. 베드로의 착각이 여기에 있습니다. 이러한 자신의 행동에 대해 예수님이 기뻐하실 줄 알았습니다. 베드로는 예수께서 '역시 너가 최고다'라는 말을 하시고 안아 주시며 기뻐해 주실 줄 알았는데, 예수님은 도리어 정반대로 말씀하셨습니다.

마태복음 26:52 네 칼을 도로 칼집에 꽂으라 칼을 가지는 자는 다 칼로 망하느니라.

베드로는 열심당원이었습니다. 이들은 나라의 회복을 위해 늘 칼을 소지했습니다. 어떤 사인만 떨어지면 칼로 세상을 변화시킬 수 있을 것이라고 생각했습니다. 의도는 좋으며, 나라를 구하고 지키겠다는 것입니다. 이 기회가 왔습니다. 칼을 쓸 때가 왔다고 생각해서 칼을 뽑아들었습니다. 성령충만하기 전에는 칼로 세상을 변화시킬 줄 알았습니다.

예수님은 베드로가 이 칼을 버리기를 원하셨습니다. 베드로가 성령충만한 후 변화된 것은 열심당원으로서 늘 소지하던 칼을 버리는 것이었습니다. 성령충만하기 전에는 칼로 세상을 변화시킬 것이라고 생각했습니다. 그러나 성령충만한 후에 변화된 것은 하나님의 나라는 칼로 세워지는 것이 아니라 하나님의 사랑과 은혜로 세워짐을 알았습니다. 베드로는 칼을 버렸습니다. 성령충만 후 자기 속에 있던 칼, 곧 마음의 칼, 복수와 분노의 칼을 뽑아 버렸습니다.

우리는 속에 있는 칼을 버리는 훈련이 필요합니다. 이것이 예수님의 제자로 길들여져 가는 과정입니다. 이것을 버릴 때 하나님의 사랑이 우리를 덮습니다. 우리는 하나님이 기뻐하시는 길들여진 온유한 사람이 되는 것입니다. 이럴 때 겸손하고 온유한 사람이 됩니다. 지금 우리는 칼을 버리는 것이 무엇보다 중요합니다. 복수의 칼, 원수 갚는 칼, 남을 이기려는 칼입니다. 이러한 칼은 나도 죽고 남도 죽입니다. 나에게도 피해가 오고 남에게도 피해를 줍니다. 나도 상처를 입고 남도 상처를 입습니다. 그러나 온유한 사람은 그것을 버립니다. 그래서 자신도 살고 남도 살립니다. 자신도 복을 받고 남도 복되게 합니다.

예수님은 십자가를 지실 때 온갖 조롱과 멸시를 다 받으셨습니다. 그러나 예수님은 하나님께 겸손히 순종하시는 온유함을 보여주셨습니다. 온유의 극치를 보여주셨습니다. 우리가 하나님의 백성으로 예수님의 제자로 살아간다는 것은 이처럼 훈련되어져서 어떠한 상황에서도 믿음으로 하나님께 순종하며 살아가는 것입니다. 물리적으로 또는 칼로 이기려 하지 않고 온유함으로 참을 때 이깁니다. 이기려할 때 집니다. 천국백성은 져줍니다. 이것이 승리의 방식입니다.

창세기 45장에는 조우한 요셉과 형들이 서로를 알아보는 장면이 나옵니다. 꿈꾸는 자였던 요셉은 형들에게 의해 종으로 팔려 갔습니다. 시기심으로 가득 찬 형들은 11번째인 동생을 제거하면 자신들이 행복하고 잘 살 것이라고 생각했습니다. 그래서 동생을 돈을 받고 팔았습니다. 애굽으로 팔려간 요셉은 종살이를 하며 많은 고생을 했습니다. 종살이하는 동안 무슨 생각을 했겠습니까? 자기를 그토록 사랑해 주신 아버지에 대해 생각했을 것입니다. 어린 나이에 아버지에 대한 생각으로 눈물이 한없이 흘렀습니다. 그리고 형들이 생각났을 것입니다. 아버지가 편애를 했다 하더라도 자신을 죽이려고 했던 것과 돈을 받고 판 것은 도저히 용납할 수 없는 원통한 일이었습니다.

　요셉은 보디발의 집에서 종살이를 하고 누명을 쓴 채 감옥에서 지내는 동안 바뀌었습니다. 하나님의 사람으로 길들여져 간 것입니다. 그는 온유한 사람으로 변화되어 갔습니다. 그는 좋은 사람이었다는 것은 분명하지만 온전한 사람이 아니었습니다. 종으로 팔려가기 전에 어떤 사람이었습니까? 형들의 잘못을 아버지에게 고자질했습니다. 형님들을 판단했습니다. 자신의 꿈에 대해 형님들을 무시하는 듯한 태도로 설명을 했습니다. 아직 어리기 때문에 잘 몰라서 그럴 수도 있었겠지만 형들은 아버지 때문에 참으며 속으로 칼을 갈았습니다. 기회만 오면 얄미운 동생을 제거하겠다는 생각을 하고 있었습니다. 결국 요셉을 팔 기회가 왔고, 요셉은 애굽으로 끌려갔습니다. 그리고 13년 동안 종살이와 감옥살이를 하며 보냈습니다.

　그러나 13년이란 세월이 헛된 시간이 아니었습니다. 그 기간은 요셉이 하나님께 쓰임 받기 위해 믿음과 성품 그리고 지도자로 훈련되어지는 과정이었습니다. 무엇보다도 하나님께 순종하는 사람으로 원숙하게 성장해 갔습니다. 처음에는 인간의 복수심, 원통함이 있었으나 그는 어려운 환경, 낮아진 상황에서도 하나님을 의지하는 겸손한 훈련을 했습니다. 흔들리지 않는 온유한 훈련을 했습니다. 그는 자신의 역경 속에도 하나님의 뜻이 있다는 것을 알고 순종하는 온유한 사람으로 길들여져 갔습니다.

　온유한 사람에게 땅을 기업으로 주신다는 말씀과 같이 오랜 인내의 시간 후에 요셉은 애굽의 총리가 되었습니다. 그 후 7년 풍년을 지나, 7년

기근이 있을 때 형들이 양식을 구하기 위해 애굽으로 왔고 요셉 앞에 서게 되었습니다. 요셉은 형들을 한눈에 알아보았습니다. 자신을 죽이려했던 원수 같은 형들때문에 애굽에서 종살이와 감옥살이를 한 억울함을 생각하면 그 상황은 단번에 복수할 기회였습니다. 그러나 요셉은 그 상황에서 하나님의 뜻을 보았습니다. 하나님 나라의 관점으로 형들을 보았습니다. 요셉은 형들의 생명을 자기 마음대로 할 수 있는 권력을 가지고 있었습니다. 그러나 하나님의 사람으로 길들여진 요셉은 원수와 같은 형들에게 복수 대신 사랑으로 갚았습니다. 창세기 45:4-5에서 요셉은 형들 앞에서 울며 이렇게 말했습니다.

> 요셉이 형들에게 이르되 내게 가까이 오소서 그들이 가까이 가니 나는 당신들의 아우 요셉이니 당신들이 애굽에 판 자라 당신들이 나를 이곳에 팔았다고 해서 근심하지 마소서 한탄하지 마소서 하나님이 생명을 구원하시려고 나를 당신들보다 먼저 보내셨나이다.

전에는 형님들을 정죄하고 형님들의 실수를 고자질해서 자기만 인정받으려 했는데, 이제는 사랑과 용서의 사람으로 길들여졌습니다. 때로는 우리 주변에 악한 사람이 있을 수 있습니다. 하나님은 때로는 악한 사람들을 통해서 역사하실 때가 있습니다. 악한 사람들을 통해 앞으로 나아갈 수 있도록 합니다. 그 안에서도 하나님만 의지하도록 합니다. 혹시 우리를 미워하고 원수와 같고 적개심을 갖는 사람이 있다 할지라도 그런 상황에서 경건훈련의 목적인 사랑의 마음을 품고 온유함으로 사랑하는 일에 순종합니다. 하나님은 이러한 사람을 세우시고 은혜가 넘치게 하십니다. 요셉과 형들의 모습을 보니 그야말로 대역전극입니다. 힘과 수로 동생을 죽이려 했던 형들은 초라해졌습니다. 형들에 의해 종살이를 하다가 하나님의 세우심으로 총리가 된 요셉은 원수까지도 사랑하는 순종을 통해 온유한 사람이 되어 땅에서 형통하고 하나님의 복을 크게 누리는 존귀한 사람이 되었습니다.

스캇 펙은 사랑은 훈련되는 것이라고 했습니다.

> 나는 자기 훈련의 힘이 사랑으로부터 오며 이것은 의지의 한 가지 유형이라는 것을 지적한 바 있다. 따라서 자기 훈련은 사랑을 행동으로 표현한 것이며, 진정으로 사랑하는 사람은 누구나 훈련된 행동을 하며, 진정한 사랑의 관계 역시 훈련된 관계라고 결론 내릴 수 있다. 내가 참으로 다른 사람을 사랑한다면 나는 내 행동을 어떻게 해서든 교정하고 그 사람의 정신적 성장에 최대로 이바지하려고 할 것이다.[20]

힘이 있고 수가 많다고 승리하는 것이 아닙니다. 반드시 많이 가진 자가 승리하는 것이 아닙니다. 온유한 사람이 승리합니다. 온유한 사람은 하나님과 사람을 사랑하는 사람입니다. 온유한 사람은 훈련을 통해 하나님의 사람으로 세련되게 다듬어져 갑니다. 경건훈련은 사랑의 사람으로 변화시켜 땅을 기업으로 받기에 합당한 자로 세웁니다. 어떤 상황에서도 흔들리지 않고 끝까지 하나님께 순종합니다. 그러므로 승리자가 됩니다.

---

20) M. 스캇 펙, 『아직도 가야 할 길』, 신승철 이종만 역 (부산, 열음사, 2003), 226.

2) 생각훈련

이 훈련은 마음을 넓히는 훈련입니다. 그리고 우리의 생각 속에 더러운 것을 모두 버리고 좋은 것으로 채우는 훈련입니다. 생각은 좁은 생각과 넓은 생각이 있습니다.

좁은 생각은 나쁜 생각이요, 부정적인 생각입니다. 이런 생각의 특성은 자기는 잘되고 남은 안 되기를 바랍니다. 그래서 다른 사람이 잘되면 배 아파합니다. 가령 자신이 하는 일보다 다른 사람이 잘되면 앞에서는 축하하는 척하면서 뒤에서는 배 아파하고 잘 안 되기를 바랍니다. 남의 성공을 깎아내리기도 합니다.

넓은 생각은 좋은 생각이요, 미래지향적입니다. 이 생각은 자기도 잘되고 남도 잘되기를 바라는 특성이 있습니다. 이 생각은 시편 81:10 "나는 너를 애굽 땅에서 인도하여 낸 여호와 네 하나님이니 네 입을 넓게 열라 내가 채우리라"의 말씀처럼 넓게 열린 생각입니다. 이 생각은 항상 꿈으로 이어집니다. 이 꿈은 빌립보서 2:13 "너희 안에서 행하시는 이는 하나님이시니 자기의 기쁘신 뜻을 위하여 너희에게 소원을 두고 행하게 하시나니"라는 말씀처럼 하나님을 기쁘시게 해드리는 거룩한 꿈을 갖습니다. 온유한 사람은 이처럼 생각에도 변화를 가져옵니다. 오직 삶의 목적과 방향이 하나님을 기쁘시게 해드리는 꿈을 이루어 가는 데 있습니다.

이러한 좋은 생각을 가로막는 패배주의적 사고가 있습니다. 하나님을 기쁘게 하는 거룩한 소원을 가진 사람은 이런 생각들을 뛰어넘습니다.

'나 같은 사람이 뭘 할 수 있겠는가.'

'작은 교회가 무슨 일을 할 수 있겠는가.'

'나는 이미 실패를 경험한 일어설 수 없는 사람이다.'

그러나 넓은 생각을 가진 사람은 자신이 부족하더라도 하나님이 붙드시면 쓰임 받을 수 있다는 확신을 갖습니다. 그래서 하나님의 영광을 위해 쓰임 받기를 바라며 기도합니다.

예수님은 유대인들이 홀대하는 갈릴리 출신의 베드로를 비롯한 제자들에게 놀라운 비전을 주셨습니다.

마태복음 28:19a 그러므로 너희는 가서 모든 족속으로 제자를 삼아….

제자들은 주로 갈릴리 호수에서 물고기를 잡는 어부나 세리였습니다. 이들의 생각과 삶은 갈릴리, 좀 더 넓으면 유대 지역에 국한되어 있었습니다. 그런데 예수님은 모든 족속을 품으라는 비전을 주셨습니다. 천국백성은 이처럼 생각을 넓히는 훈련을 통해 하나님의 뜻을 이루어가는 온유한 사람입니다. 소심한 성격의 사람, 그릇이 작다고 생각하는 사람도 하나님의 권능의 손에 붙잡히면 쓰임을 받습니다. 생각을 바꾸는 훈련이 요구됩니다.

이스라엘과 블레셋의 싸움에서 다윗은 3미터 가까이 되는 중무장한 거인 장수 골리앗과 조국의 운명을 놓고 한판 대결을 벌입니다. 이 상황에서 사울왕과 다윗의 형들은 거대한 장수 앞에서 벌벌 떨고 있었습니다. 이들은 이미 패배자였습니다. 그래서 숨을 죽이고 상황이 어떻게 전개될지를 지켜보고 있었습니다. 이들은 골리앗을 보고 패배의식에 사로잡혀 있었습니다. 이들은 전능하신 하나님을 의지하는 훈련이 되어 있지 않았습니다. 형들을 만나러 전쟁터에 갔던 다윗은 이 광경을 보고 자원해서 골리앗과 대결하러 나갑니다. 이렇게 할 수 있었던 것은 다윗이 늘 하나님을 의지하는 훈련을 해왔기 때문이었습니다. 잘 훈련된 신앙은 위기 때 빛을 발하는 것입니다. 사무엘상 17:45-47에서 다윗은 이런 말을 외치며 나아갔습니다.

> 다윗이 블레셋 사람에게 이르되 너는 칼과 창과 단창으로 내게 나아오거니와 나는 만군의 여호와의 이름 곧 네가 모욕하는 이스라엘 군대의 하나님의 이름으로 네게 나아가노라 오늘 여호와께서 너를 내 손에 넘기시리니 내가 너를 쳐서 네 목을 베고 블레셋 군대의 시체를 오늘 공중의 새와 땅의 들짐승에게 주어 온 땅으로 이스라엘에 하나님이 계신 줄 알게 하겠고 또 여호와의 구원하심이 칼과 창에 있지 아니함을 이 무리에게 알게 하리라 전쟁은 여호와께 속한 것인즉 그가 너희를 우리 손에 넘기시리라.

훈련된 사람과 그렇지 않은 사람의 생각이 이렇게 차이가 납니다. 하나님께 순종하도록 온유한 사람으로 훈련된 사람은 생각 속에 전능하신 하나님이 승리하게 하실 것이라는 확신으로 가득차 있습니다. 생각이 훈련된 온유한 사람은 패배의식과 열등감을 버리고 하나님이 함께하심에 대한 확신과 예수님의 이름으로 승리에 대한 자신감을 갖습니다. 어떤 상황에서도 흔들리지 않는 온유한 사람으로서 훈련되어질 때 하나님의 사람,

명품 신앙인이 됩니다.

3) 언어훈련

유진 피터슨은 언어를 세 가지로 분류했습니다.[21]

첫째는 '친밀함과 관계의 언어'입니다. 이것은 사람이 인간으로서 배우게 되는 첫 번째 언어입니다. 엄마, 아빠의 품에서 시작되는 언어로서 아기의 웃음소리, 울음소리 등 가장 기본적인 소리입니다. 둘째는 '정보의 언어'입니다. 우리는 성장하면서 우리를 둘러싼 놀라운 세계를 발견하고 그 속에 있는 각각의 것들이 나름대로 이름을 가지고 있음을 깨닫습니다. 점차 언어를 습득해가면서 물질세계 속으로 나아갑니다. 객관적인 환경 속에서 자신의 길을 발견합니다. 셋째는 '자극의 언어'입니다. 어려서부터 무언가를 만들어내는 힘이 있고 아무것도 없던 것에서 무언가를 이끌어 내며, 활력이 없는 것을 목적 지향적인 행동으로 움직이게 하는 언어들을 발견합니다. 위의 세 가지 언어 중 영적으로 변화시키는 영적 언어가 있습니다. 그것은 기도의 언어입니다. 이 언어는 믿음 안에서 하나님께 향하고(to) 하나님과 함께하는(with) 언어입니다. 이 언어는 하나님과 나누는 친밀한 언어입니다. 그리고 하나님과 우리와의 관계의 언어입니다. 그래서 우리는 언제나 하나님을 순수함 그대로 '아바, 아버지'라고 부릅니다.

믿음과 생각은 언어로 표현됩니다. 따라서 언어는 그 사람의 신앙수준이라고 볼 수 있습니다. 에베소서 4:21-24 "진리가 예수 안에 있는 것 같이

---

21) 유진 피터슨, 『목회 영성의 흐름』, 주일과 주일 사이, 차성구 옮김 (서울: 좋은 씨앗, 2002), 126-130

너희가 참으로 그에게서 듣고 또한 그 안에서 가르침을 받았을진대 너희는 유혹의 욕심을 따라 썩어져 가는 구습을 따르는 옛사람을 벗어버리고 오직 너희 심령이 새롭게 되어 하나님을 따라 의와 진리의 거룩함으로 지으심을 받은 새사람을 입으라"에서 새사람은 옛사람을 버리고 하나님의 성품으로 채워진 사람들입니다. 진리는 예수님 안에 있으며, 그리스도인들은 예수님에게서 듣고 가르침을 받는 사람들입니다. 그러므로 예수님의 가르침을 받고 그분을 따라가는 복있는 사람은 옛사람을 벗어버려야 합니다. 옛사람이란 욕심을 따라 썩어져 가는 구습, 즉 예수님 믿기 전의 상태를 말하는데, 이 모습을 벗어버리는 것이 심령이 새롭게 되는 변화를 가져온 상태입니다. 하나님을 따라 의의 진리를 따라 살라고 합니다.

이렇게 변화된 사람의 삶에 대해 에베소서 4:25부터는 "그런즉"으로 시작해서 새로운 삶의 모습을 말합니다.

그리스도인은 변화된 사람입니다. 옛사람에서 새사람으로 변화되어 하나님을 따라 의롭고 거룩한 길을 가는 사람입니다. 그러면 이처럼 의와 거룩한 길을 가는 것을 무엇으로 알 수 있습니까? 그것은 언어사용에서 알 수 있습니다.

언어는 에베소서 4:23-5:14에서 볼 때 옛사람의 언어와 새사람의 언어가 있습니다.

옛사람의 언어는 거짓말, 더러운 말, 악독, 노함, 분노, 떠듦, 비방, 음행과 온갖 더러운 것과 탐욕스런 말, 누추한 말, 어리석은 말, 희롱의 말, 헛된 말로 속임, 사탄의 언어입니다.

새사람의 언어는 참된 말, 부드러운 말, 선한 말, 용서하는 말, 은혜로운 말, 감사하는 말, 사랑의 말입니다.

언어는 신앙과 인격의 표현으로, 언어를 보면 그 사람의 믿음과 인격을 알 수 있습니다. 예수님을 믿고 언어가 길들여진 사람은 옛사람의 언어에서 새사람의 언어로 바뀝니다.

하나님은 우리가 진실되고 놀라운 믿음의 천국의 언어를 사용하기를 원하십니다. 이러한 언어의 훈련이 되어 있지 않으면 그 사람은 땅을 기업으로 받을 수가 없습니다. 욕하고 비방을 일삼는 사람은 인격자가 아닙니다. 더러운 말, 거짓말, 어리석은 말, 부정적인 말을 하는 사람을 믿음이 좋다고 할 수 있습니까? 아닙니다. 이처럼 사람의 입에서 나오는 말을 보면 그 사람의 믿음을 알 수 있습니다. 온유한 사람은 말과 표현도 길들여진 사람으로 참된 말, 부드러운 말, 선한 말, 용서하는 말, 은혜로운 말, 감사하는 말, 사랑의 말을 하도록 훈련되어진 사람입니다.

모세가 구스 여자를 얻었습니다. 형인 아론과 여동생인 미리암이 교만한 마음으로 모세를 비방했습니다. 하나님께서는 세 사람을 회막으로 나아오게 하셨습니다. 그리고 모세를 비방한 아론과 미리암을 꾸짖으셨습니다. 그러자 즉시 미리암이 문둥병에 걸렸습니다. 이러한 상황에서 하나님의 사람인 모세는 하나님의 기대를 저버리지 않았습니다. 민수기 12:3 "이 사람 모세는 온유함이 지면의 모든 사람보다 더하더라"라는 하나님의 칭찬대로 모세는 자신을 비방해서 문둥병이 걸린 미리암을 위해 도리어 이렇게 기도했습니다.

민수기 12:13 모세가 여호와께 부르짖어 가로되 하나님이여 원하건대 그를 고쳐 주옵소서.

아론과 미리암은 비방하는 언어를 사용했습니다. 남의 허물을 들추어 내는 언어를 사용했습니다. 그러나 모세는 하늘의 언어, 즉 기도의 언어를 사용했습니다. 누가 하나님 앞에 존귀한 사람이 되었습니까? 하나님은 스스로 의롭다고 여기는 사람을 기뻐하지 않습니다. 도리어 온유함으로 기도해 주고 흔들리지 않는 사람을 기뻐하십니다. 진정 강한 자는 언어가 훈련되어진 온유한 사람입니다.

하나님은 우리가 말하는 것을 다 들으시고 그대로 행하십니다. 부정적인 언어, 패배자 언어를 사용하면 하나님은 입에서 나온 대로 사람에게 행하십니다. 반면 하나님을 기쁘시게 해드리는 긍정적인 언어, 소망적인 언어, 사랑의 언어, 진실한 언어, 축복의 언어를 사용할 때 하나님이 그런 사람의 삶을 복되게 하십니다.

온유한 사람은 불이익이 오고 힘든 상황이 오더라도 하나님 안에서 흔들리지 아니하고 믿음을 지키는 명품 그리스도인으로 길들여진 사람입니다. 온유한 사람은 끝까지 순종합니다. 하나님을 기쁘시게 해드리고 싶은 거룩한 비전으로 가득합니다. 하나님과의 관계가 늘 부드러워 하나님의 능력과 지혜를 힘입어 살아갑니다. 그래서 온유한 사람은 복있는 사람입니다.

복있는 사람은 자신의 나약함과 무능을 인정하여 심령을 비운 가난한 사람으로 자신의 약함 속에 슬피 울며 애통합니다. 그리고 이제는 더 나아가 하나님의 말씀에 길들여진 순종하는 사람이 되어 갑니다. 삶에서 하나님과 함께하는 사람으로, 감당하기 힘든 상황에서도 인내할 줄 아는 사람으로, 원수를 사랑하는 용서의 사람으로, 하나님께 끝까지 순종하는 사람으로, 하나님의 약속을 믿고 감사하는 사람으로, 옛사람의 언어가 새사람의 언어를 사용하는 사람으로 길들여져 갑니다. 이렇게 온유한 사람으로 길들여진 사람이 복있는 사람입니다.

이러한 온유한 사람은 다음의 복이 있다고 말씀합니다.

> **시편 37:1-11** 악을 행하는 자들 때문에 불평하지 말며 불의를 행하는 자들을 시기하지 말지어다 그들은 풀과 같이 속히 베임을 당할 것이며 푸른 채소같이 쇠잔할 것임이로다 여호와를 의뢰하고 선을 행하라 땅에 머무는 동안 그의 성실을 먹을 거리로 삼을지어다 또 여호와를 기뻐하라 그가 네 마음의 소원을 네게 이루어 주시리로다 네 길을 여호와께 맡기라 그를 의지하면 그가 이루시고 네 의를 빛같이 나타내시며 네 공의를 정오의 빛같이 하시리로다 여호와 앞에 잠잠하고 참고 기다리라 자기 길이 형통하며 악한 꾀를 이루는 자 때문에 불평하지 말지어다 분을 그치고 노를 버리며 불평하지 말라 오히려 악을 만들 뿐이라 진실로 악을 행하는 자는 끊어질 것이나 여호와를 소망하는 자들은 땅을 차지하리로다 잠시 후에는 악인이 없어지리니 네가 그것을 자세히 살필지라도 없으리로다 그러나 온유한 자들은 땅을 차지하며 풍성한 화평으로 즐거워하리로다.
>
> **마태복음 5:5** 온유한 자는 복이 있나니 그들이 땅을 기업으로 받을 것임이요.

제 7 장

네 번째 계단: 몸부림치기
영적 몸부림은 만족을 가져다줍니다

마태복음 5:6 의에 주리고 목마른 자는 복이 있나니 그들이 배부를 것임이요.

사람들은 존경을 받고 싶어합니다. 존경을 받으려면 존경받을 만한 사람이 되어야 합니다. 존경은 남보다 좀 더 의롭게 살 때 주어지는 보상입니다. 또한 다른 사람들로부터 사랑을 받고 싶어합니다. 사랑을 받으려면 사랑을 받을 만한 모습이 있어야 합니다.

하나님과 우리와의 관계에서도 마찬가지입니다. 사람은 존귀해지고 싶어합니다. 하나님 앞에서 겸손하면 하나님이 세우십니다. 스스로 높인다고 존귀해지는 것이 아닙니다. 하나님의 사랑을 받고 싶거든 사랑받을 만한 일을 하면 됩니다. 축복의 개념도 마찬가지입니다. 사람들이 복에 관해 흔히 하는 말이 있습니다. '복받을 짓을 해야지.' 이 말은 명언입니다.

신명기 10:13 내가 오늘 네 행복을 위하여 네게 명하는 여호와의 명령과 규례를 지킬 것이 아니냐.

하나님은 우리의 행복을 위하여 말씀을 지키라고 명령하셨습니다. 이 말을 따르는 사람은 행복해진다는 것입니다. 예수님은 행복한 사람의 조건 여덟 가지를 말씀하셨는데, 이것을 "팔복"이라고 하고 이 말씀들은 사람이 어떻게 해야 복있는 사람이 되는지를 가르치는 영적 지침서입니다. 이 지침서의 핵심은 변화입니다. 행복해지고 싶거든 변화하라는 것입니다.

이 변화는 새로운 사람으로의 전환입니다.

● 복받을 마음씨를 가지라는 것입니다.
● 복받을 말을 하라는 것입니다.
● 복받을 길을 걸어가라는 것입니다.

이것이 이루어지지 아니하면 그 사람은 복을 받을 수 없습니다. 예수님의 제자 됨이 어디에 있습니까? 예수님의 말씀에 의해 우리의 마음밭이 옥토로 바뀌어지는 데 있습니다. 말도 바뀌고 걸어가는 길이 새로워집니다. 그래서 예수님은 우리 속을 비우라고, 심령이 가난하라고 말씀하십니다. 우리의 부족함과 죄, 이러한 것 때문에 애통하면서 울 줄 아는 사람이 복이 있다고 하셨습니다. 또한 온유한 사람, 즉 하나님의 말씀에 전적으로 순종하는 사람으로 길들여져 갑니다. 야생마에서 명품마로 바뀝니다. 이처럼 심령이 가난한 자, 애통하는 자, 온유한 자는 복이 있습니다.

여기에서는 "의에 주리고 목마른 자는 복이 있나니 그들이 배부를 것임이요"에 대해 설명하고자 합니다.

1. 의의 의미

성경에서 가장 이해하기 힘든 단어 중 하나가 '의'입니다. 의는 헬라어로 '디카이오쉬네'인데, 이 단어는 일반적으로 바른 것을 의미합니다. 그런데 성경에서 말하는 의는 세 가지 측면에서 생각할 수 있습니다.

1) 관계적 의

의란 하나님의 속성 중 하나입니다. 하나님은 의로우신 분이십니다. 불의를 미워하시고 의를 사랑하십니다. 그런데 인간은 아담의 타락 이후에 불의한 죄인이 되었습니다. 이로 인해 인간은 하나님의 형상을 상실한 채, 죄와 불의로 인해 비참한 상태에 놓이게 되었습니다. 이로 인해 인간은 하나님이 주신 소중한 복들을 전부 상실하게 되었습니다. 이 모든 것은 하나님과의 관계가 단절됨으로 일어난 일들입니다. 이 관계 단절은 인간을 한없이 비참하고 불행하게 만들었습니다. 무슨 일을 해도 만족이 없고 공허합니다. 즉 하나님과의 관계가 단절될 때 인생이란 허무하며 공허합니다.

　따라서 사람이 진정 행복하려면 하나님과의 관계를 회복하면 됩니다. 이 회복을 통해 인간은 구원을 받습니다. 즉 인간이 하나님의 의를 회복한다는 것은 구원에 참여한다는 것입니다. 그리고 하나님의 언약의 백성이 된다는 것입니다. 지금 여기에서 하나님과의 관계가 정상적으로 이루어지면 우리는 구원을 받고 하나님은 우리에게 주신 언약을 통해 우리로 하여금 이 땅에서 뿐만 아니라 영원히 살 수 있는 그리고 행복한 삶을 살 수 있도록 보장해 주셨습니다.

　이 관계회복은 단 한길, 오직 예수님을 통해 이루어집니다. 다른 길은 없습니다. 바울은 이를 설명하기 위해 아브라함을 예로 듭니다.

> **로마서 4:18-22** 아브라함이 바랄 수 없는 중에 바라고 믿었으니 이는 네 후손이 이같으리라 하신 말씀대로 많은 민족의 조상이 되게 하려 하심이라 그가 백 세나 되어 자기 몸이 죽은 것 같고 사라의 태가 죽은 것 같음을 알고도 믿음이 약하여지지 아니하고 믿음이 없어 하나님의 약속을 의심하지 않고 믿음으로 견고하여져서 하나님께 영광을 돌리며 약속하신 그것을 또한 능히 이루실 줄을 확신하였으니 그러므로 그것이 그에게 의로 여겨졌느니라.

　아브라함이 의로운 자로 인정받은 것은 그가 백 세가 되어 자기의 몸이 죽은 것 같고 사라의 태가 죽은 것 같음을 알고도 믿음이 약해지지 아니하고 하나님의 약속을 믿었기 때문이었습니다.

로마서 4:24-25 의로 여기심을 받을 우리도 위함이니 곧 예수 우리 주를 죽은 자 가운데서 살리신 이를 믿는 자니라 예수는 우리가 범죄한 것 때문에 내줌이 되고 또한 우리를 의롭다 하시기 위하여 살아나셨느니라.

우리가 범죄한 것 때문에 십자가에서 죽으신 예수님, 의롭다 하시기 위해 부활하신 예수님을 믿는 사람이 하나님과의 관계를 회복하여 의로운 자로 인정을 받습니다. 따라서 인간의 참된 행복은 예수님을 통해 이루어 집니다. 예수님을 믿지 않고는, 예수님을 영접하지 않고는 불행하게 살아 갈 수밖에 없습니다. 하나님의 아들이신 예수님을 나 개인의 구주로 영접 하지 아니하면 계속해서 하나님의 형상을 상실한 채로 불행하게 살아갈 수밖에 없는 것입니다. 그러나 반대로 예수님을 우리의 구주로 영접을 하고 그분만이 나를 구원하시는 분이시요, 그분만이 하나님의 아들이심을 믿을 때에 우리는 하나님의 형상을 회복하여 의로운 자가 되어 하나님 안에서 엄청난 행복을 누리는 복된 사람으로 완전히 인생이 바뀝니다.

2) 행위적 의

2010년 6월 12일자 국민일보에 다음과 같은 글이 실렸습니다.

저는 10년 전 백화점에서 가방 하나를 훔쳤습니다. 그땐 하나님을 믿지 않았습니다. 죄인 줄도 모르고 살았습니다. 까마득히 잊고 살았지요.

최근 서울 롯데백화점 사장 앞으로 현금이 든 봉투와 A4 한 장 분량의 편지가 배달되었습니다. 사연을 쓴 이는 얼마 전 하나님을 알게 된 신자라고 밝혔습니다. 그는 교회에서 기도를 하던 중 생각지도 않았던 10년 전의 죄가 떠올라 불면의 밤을 보내다가 용기를 내어 편지를 쓰게 되었다고 했습니다.

저는 잊고 지냈지만 하나님은 기억하고 계셨습니다. 그것은 죄이고 용서를 구해야 하며 반드시 갚아야 한다는 것이었습니다.

그는 사실 모른 척 덮어두려 했습니다. 그런데 기도할수록 하나님은 너무도 또렷하게 그날의 현장을 기억나게 하셔서 참을 수 없었다고 고백했습니다. 하나님을 몰랐을 때는 대수롭지 않았던 조그만 죄였는데 이후에는 엄청난 죄로 압박을 느꼈다고 털어놓았습니다.

하나님을 알고부터 이대로 살 수 없습니다. 부디 이 돈을 받아주시기 바랍니다. 그리고 용서해주세요.

그는 하나님을 알기 전에 많은 사람이 인정해주고 칭찬해주는 모범적인 생활을 했으나 이는 허울 뿐이었고 하나님은 인간이 고백하지 않아도 그 속을 현미경처럼 훤히 들여다보고 계신다는 것을 깨달았다고 고백했습니다. 그리고 그는 정말 크리스천으로서 바르게 살 것을 다짐했습니다. 백화점 사장은 이 편지와 돈을 신우회에 넘겨주었고 신우회는 선한 일에

이 돈을 쓰기로 했습니다. 신앙이 양심의 소리를 일깨웠습니다.

올바르게 사는 것이 행복임을 깨우쳐주는 사례입니다. 올바르게 살지 않으면, 우리가 의를 충족하지 못하고 살아가면 우리는 불행합니다. 그것이 우리의 양심을 칩니다. 아무리 기도를 해도 편안하지 않습니다.

행위적 의란 하나님 앞에서 올바르게 사는 것입니다. 이것을 성화라고 합니다. 구원을 받은 백성은 거룩한 삶, 즉 성화의 삶을 살아야 합니다. 저는 자녀의 이름을 지을 때 '거룩할 성'(聖)자를 넣어 지었습니다. 딸은 성화, 아들은 성신입니다. 거룩하게 믿음으로 살라는 의미에서 이름을 지었습니다. 이렇게 해서라도 거룩한 삶에 대한 도전과 자극을 주고 받습니다. 그러나 중요한 것은 실제로 '어떻게 사느냐'입니다. 하나님의 사람, 복있는 사람으로 변화된 사람은 천국에 대한 분명한 목적지를 정해 놓고 구원 받은 자로서 올바르게 살고자 몸부림치는 성화의 단계로 올라섭니다.

우리의 삶의 방식에는 두 길이 있습니다.

첫 번째는 죄의 길입니다. 이 길은 구부러진 길을 말합니다. 이것을 불의라고 합니다. 이 길은 악한 길로, 이 길을 걸으면 불안과 두려움에 사로잡히고 결국은 멸망에 이릅니다.

두 번째는 의의 길입니다. 이 길은 곧은 길을 말합니다. 즉 옳은 길, 바른 길, 생명의 길, 축복의 길입니다. 이는 거룩을 추구하는 삶입니다. 자신을 불의의 병기로 사용하지 않고 의의 병기로 사용하는 길입니다.

이 두 길의 차이를 시편 1편에서 분명히 선을 그어 말씀합니다. 불의한 길을 가는 사람은 악인들의 꾀를 따르고 악한 생각과 계획을 세웁니다. 죄인들과 함께 있기를 좋아하고 오만방자합니다. 불의한 사람은 잘못된 것을 따르고 잘못된 곳에 서 있고, 잘못된 곳에 앉습니다. 이들은 바람에 나는 겨, 즉 알맹이가 없는 삶, 열매가 없는 삶, 속은 비어있고 겉모양만 갖춘 사람들입니다. 그리스도인들이 의의 길을 걸어가지 아니하면 그리스도인으로 위장한 거짓된 사람일 뿐입니다. 이런 사람은 하나님이 인정하지 않는 사람이며, 멸망으로 향하는 사람들입니다. 반면 의로운 길을 가는 사람은 하나님이 인정하는 사람들로, 하나님의 말씀에 순종하도록 길들여진 하나님을 사랑하는 사람입니다. 이런 사람은 철을 따라 열매가 있으며, 하는 모든 일이 다 형통한 삶을 누립니다. 의인의 길을 가는 사람과 죄인의 길을 가는 사람이 이렇게 엄청난 차이가 납니다. 시작은 똑같고 불의한 사람이 먼저 가는 것 같지만 하나님께서는 결국 의의 길을 걸어가는 사람을 앞세우고 이 사람을 승자로, 복있는 사람으로 세우신다는 것입니다.

로마서 6:13 또한 너희 지체를 불의의 무기로 죄에게 내주지 말고 오직 너희 자신을 죽은 자 가운데서 다시 살아난 자같이 하나님께 드리며 너희 지체를 의의 무기로 하나님께 드리라.

요한일서 2:15-17 이 세상이나 세상에 있는 것들을 사랑하지 말라 누구든지 세상을 사랑하면 아버지의 사랑이 그 안에 있지 아니하니 이는 세상에 있는 모든 것이 육신의 정욕과 안목의 정욕과 이생의 자랑이니 다 아버지께로부터 온 것이 아니요 세상으로부터 온 것이라 이 세상도 그 정욕도 지나가되 오직 하나님의 뜻을 행하는 자는 영원히 거하느니라.

이 세상의 것을 사랑하면 하나님의 사랑이 우리 속에 머물지 못한다는 것입니다. 이 세상 것이 무엇입니까? 육신의 정욕, 안목의 정욕, 이생의 자랑입니다. 이것들은 하나님께로 온 것이 아닙니다. 마귀로부터 온 것입니다. 더러운 것입니다. 그런데 이러한 것은 전부다 지나가 버리고 허무하게 끝나버리지만 하나님의 뜻을 따라 살아가는, 의로운 길을 걸어가는 사람은 영원히 거한다고 분명히 선언을 하고 있습니다.

제가 한번 여름철에 결혼식장에 갔다 오면서 배가 아프기 시작했습니다. 오는 길에 창자가 끊어지는 아픔을 겪으면서 화장실에서 토했던 경험이 있습니다. 그때 집에 갔는데도 며칠 고통스럽게 시달린 경험이 있습니다. 상한 음식을 먹으면 배탈이 납니다. 탈이 나면 괴롭고 고통스럽습니다. 영적으로도 마찬가지입니다. 불의한 길을 가는 것은 상하고 썩은 음식을 찾는 것과 마찬가지입니다. 그래서 인생이 탈이 납니다. 탈이 나면 인생살이가 고달픕니다. 괴롭습니다. 죄의 길은 처음에는 꿀같이 달콤할지 모르나 나중에는 쑥같이 씁니다.

제 친구 중에 사업을 하는 친구가 있습니다. 그래서 그런지 이 친구 주변에는 사업을 하는 사장님들이 많습니다. 그런데 사업을 하는 방식을 보니 정직하게 하는 사람이 있고, 사기를 치듯이 하는 사람이 있다는 것입니다. 그런데 놀라운 것은 사기를 치며 남은 잘못되거나 망하게 하고 자기 사업만 잘되게 해서 돈을 번 사람은 나중에 꼭 망한다는 것이었습니다.

도둑이 경찰을 보면 겁이 나고 불안하여 피하는 것처럼 불의한 삶은 늘 불안합니다. 그러나 의의 길을 걷는 사람은 처음에는 힘들지 모르나 시간이 지날수록 평안합니다. 복된 길이 열립니다. 악인이 잘되는 것 같으나 의인이 승자가 됩니다. 이 점에 대해 이사야 3:10에서 분명히 말씀합니다.

> 너희는 의인에게 복이 있으리라 말하라 그들은 그들의 행위의 열매를 먹을 것임이요 악인에게는 화가 있으리니 이는 그의 손으로 행한 대로 그가 보응을 받을 것임이니라.

3) 지속적 의

음식을 일 년에 한번 섭취하는 사람은 없습니다. 매일 먹어야 합니다. 이와 마찬가지로 의도 지속되어져야 합니다. 기도도 한 번 하고 멈추는 것이 아니라 계속해야 영적 상태가 건강하듯이 하나님과의 관계 속에서 받은 구원과 거룩한 삶은 지속적으로 이루어져야 합니다. 영적으로 긴장의 끈을 놓지 않아야 합니다. 이것이 우리의 과제입니다.

어느 목사님이 위암 판정을 받았습니다. 건강을 자신하던 목사님은 엄청난 충격을 받으셨습니다. 병상에 누워 하나님께서 왜 자신에게 이런 병을 주셨는지를 생각하며 눈물을 흘리며 괴로워하였습니다. 그런데 항암치료를 받으면서 성령의 감동으로 놀라운 것을 깨달았습니다. 총회적으로 큰 어려움이 있었을 때, 이 일에 목사님이 개입을 하셨는데, 병상에 누워 생각해보니 자신들의 뜻과 같지 않다고 다른 목사님들을 판단하고 힘들게 했던 것이 떠올랐던 것입니다. 그때 당시 이 목사님은 자기 주장과 행위를 의롭다고 생각한 것입니다. 서로 싸우고 비방하면서 그것이 정당하다고 생각한 것입니다. 병상에 누워 생각해보니 그럴 필요가 없었는데, 서로 옳다고 하다 보니 남은 것은 상처뿐이라는 것을 발견하셨습니다. 그리고 병에 걸려서 고통과 서러움에 우셨던 목사님이 도리어 회개의 눈물을 흘리셨습니다. 하나님은 이 목사님을 목회를 더 잘하게 하셨고 교단 총회장으로, 문인으로, 약한 자를 섬기는 일에 헌신하도록 세우셨습니다. 얼마 살지 못하실 것 같았지만 지금도 살아계십니다.

의는 하나님의 백성으로서 살아가는 삶의 방식입니다. 예수님은 마태복음 6:33에서 이렇게 말씀하셨습니다.

> 너희는 먼저 그의 나라와 그의 의를 구하라 그리하면 이 모든 것을 너희에게 더하시리라.

여기에서 하나님의 나라는 하나님의 통치가 이루어지는 나라를 말합니다. 즉 하나님의 주권이 행사되는 나라이며 하나님의 아들이신 예수 그리스도로 말미암아 구원받은 사람들에게 해당되는 나라입니다.

하나님의 의는 하나님의 통치 내용으로 하나님의 백성들의 삶의 방식을 말합니다. 하나님의 나라와 의를 구하라는 것은 하나님의 백성이 된 구원받은 사람은 하나님의 백성답게 살라는 것입니다. 이것이 의라는 것입니다. 하나님과의 관계에서 다른 관계가 형성되고, 행위적으로 의롭고 바른 길을 걸어가고, 그 다음에 우리가 이 의를 지속적으로 유지해가는 것, 이것이 바로 성경에서 말하는 의라는 것입니다. 예수님은 의에 주리고 목마른 자가 되라고 말씀하십니다.

이상을 정리하면 의란 인간이 하나님과 바른 관계를 회복하여 하나님의 언약의 백성이 되고 하나님의 백성답게 살아가는 사람으로 이렇게 사는 사람이 행복합니다.

예수님은 이러한 의에 주리고 목마른 사람이 되라고 말씀하십니다. 주리고 목마름은 육체의 가장 기본적인 욕구입니다. 인간의 가장 기본적인 욕구는 먹는 것입니다. 먹지 않으면 죽습니다. 2009년도에 강원도 태백 지역에 비가 내리지 않아 저수지와 계곡의 물까지 고갈되어 물 부족으로 인해 고통을 겪게 되었습니다. 그 당시 제가 섬기던 교회에서도 5톤 트럭 분량의 생수를 지원해 주었습니다. 현장에 가서 보니 물 부족으로 인해 많은 고생을 하고 있었습니다. 물이 부족하니 물을 얻기 위해 만방의 노력을 기울였지만, 그 또한 쉽지 않다는 것을 알았습니다. 마실 물을 구하는 것은 생존을 위한 몸부림이었습니다.

특히 메마른 광야에서 물이 없으면 이는 죽음을 의미합니다. 그래서 물을 얻고자 땅을 팝니다. 동물들은 물을 찾아 수천 킬로미터도 마다하지 않고 먼 이동을 합니다. 생존을 위한 이동이며 살기 위한 몸부림입니다.

육신적으로 아무리 잘 먹고 잘 살아도 의를 사모하지 않는 심령은 늘 공허합니다. 하나님의 말씀이 영적으로 허기져 있습니다. 불의한 길을 가는 사람은 늘 불안합니다. 그러나 하나님의 은혜로 채우면 영혼이 살아납니다. 그래서 행복합니다.

의에 주리고 목이 마르다는 것은 영적으로 몸부림을 치는 것입니다. 하나님의 은혜와 도우심 없이는 살 수가 없기에 '하나님, 제게 은혜를 베풀어 주옵소서. 하나님, 저를 도와주시옵소서'라고 강력하게 사모하여 외치는 영적 몸부림이 바로 의에 주리고 목이 마르다는 것입니다. 하나님과 친밀한 관계를 유지하며 살기 위해 몸부림칩니다. 마음을 늘 하나님께로 향하고 하나님을 아버지로 순수하게 부르며 살아가려고 몸부림칩니다. 전에는 죄의 길에서 세속적인 방법으로 살아왔는데, 이제는 하나님과 바른 관계 속에 살기 위해 몸부림칩니다. 즉 의의 길을 걸어가기 위해 몸부림칩니다. 하나님은 신실하시고 의로우시기 때문에 약속하신 것을 다 이루실 줄로 확신하고 그 약속을 붙들고 몸부림칩니다. 하나님이 결국 승리하게 하시고 복을 주실 것을 믿고 의의 길을 걸어가려고 몸부림칩니다. 의와 죄를 구별할 줄 하는 것이 복입니다.

  의의 삶이란 이처럼 하나님의 은혜와 도우심을 강력히 사모하는 영적인 몸부림입니다. 죄 대신 의를 채우려는 거룩한 욕망입니다. 육신의 정욕, 안목의 정욕, 이생의 자랑을 추구하는 사람이 아니라 하나님의 거룩한 성품을 가지고 하나님께 전적으로 순종하며 의의 길을 가기 위한 몸부림입니다. 세상의 유혹도 이겨내려고 안간힘을 쓰며, 진실하고 정직하며 충성스럽게 살고자 하는 경건한 몸부림입니다. 이렇게 더욱 의로워지고자 몸부림치는 사람은 하나님이 인정하시는 복있는 사람입니다.

> **시편 42:1** 하나님이여 사슴이 시냇물을 찾기에 갈급함같이 내 영혼이 주를 찾기에 갈급하나이다.
>
> **시편 63:1** 하나님이여 주는 나의 하나님이시라 내가 간절히 주를 찾되 물이 없어 마르고 황폐한 땅에서 내 영혼이 주를 갈망하며 내 육체가

주를 앙모하나이다.

의에 주리고 목마른 사람은 배가 부릅니다. 하나님을 부지런히 찾으면 우리는 예수 그리스도로 충만한 삶을 삽니다. 즉 영적으로 배부른 만족한 상태입니다. 이 배부름의 만족은 오직 예수님을 믿고 의의 길을 걷고자 몸부림치는 사람에게 주어집니다.

요한복음 4:14 내가 주는 물을 마시는 자는 영원히 목마르지 아니하리니 내가 주는 물은 그 속에서 영생하도록 솟아나는 샘물이 되리라.

요한복음 6:35 예수께서 이르시되 나는 생명의 떡이니 내게 오는 자는 결코 주리지 아니할 터이요 나를 믿는 자는 영원히 목마르지 아니하리라.

요한복음 4:34 예수께서 이르시되 나의 양식은 나를 보내신 이의 뜻을 행하며 그의 일을 온전히 이루는 이것이니라.

예수님을 보내신 하나님의 뜻이 무엇입니까?

요한복음 6:40 내 아버지의 뜻은 아들을 보고 믿는 자마다 영생을 얻는 이것이니 마지막 날에 내가 이를 다시 살리리라 하시니라

예수님을 믿는 자마다 영생을 얻는 것은 하나님의 뜻입니다. 따라서 예수님을 믿음으로 구원받기를 사모할 때, 하나님은 우리에게 구원을 베푸시며 구원받아 하나님의 자녀로서의 권세를 누리며 살아가는 복된 사람이 됩니다. 하나님의 자녀는 죄의 길이 아니라 의의 길을 걸어갑니다. 거짓된

길이 아니라 진리를 따르는 길을 걷습니다. 이것이 거룩한 길을 걸어가는 사람입니다. 따라서 예수님 안에서 의로운 길을 걷는 사람은 행복합니다.

저는 헌혈을 여러 번 했는데, 그 각각 동기가 달랐습니다. 첫 번째 헌혈은 예비군 훈련장에서 했습니다. 이때 헌혈한 목적은 훈련을 면제시켜 주었기 때문이었습니다. 이렇게 처음으로 헌혈을 했습니다. 두 번째 헌혈은 내가 필요할지 몰라서 보험을 들듯이 했습니다. 나에게도 어떤 일이 일어날지 모르니 저축을 해놓자는 계산으로 했습니다. 세 번째 헌혈은 고난주간에 했는데, 예수께서 흘리신 피를 생각하며 다른 사람에게 작은 힘이라도 되기 위해 헌혈을 했습니다. 내 피가 필요한 사람에게 공급되어 건강을 되찾는 데 작은 도움이라도 되기를 바라는 마음이었습니다. 놀라운 것은 이러한 동기로 헌혈을 하니 그렇게 기쁠 수가 없었습니다. 작은 희생이 따랐지만 기쁨이 너무도 컸습니다.

아주 작더라도 착한 일을 하면 그렇게 기쁜데, 주님과 함께 의의 길을 걸어가는 길에는 얼마나 큰 기쁨과 만족이 있겠습니까!

예수님이 우리의 구주임을 믿을 때, 예수님의 사랑을 알 때, 예수님의 가르침을 따를 때 그 사람은 영적으로 만족하게 됩니다. 만족할 때 사람은 행복합니다.

의에 주리고 사모하는 사람을 만족하게 한다는 성경구절은 이렇습니다.

시편 107:9 그가 사모하는 영혼에게 만족을 주시며 주린 영혼에게 좋은 것으로 채워 주심이로다.

시편 63:5 골수와 기름진 것을 먹음과 같이 나의 영혼이 만족할 것이라 나의 입이 기쁜 입술로 주를 찬송하되.

시편 23:1 여호와는 나의 목자시니 내게 부족함이 없으리로다.

이사야 55:1-3 오호라 너희 모든 목마른 자들아 물로 나아오라 돈 없는 자도 오라 너희는 와서 사먹되 돈 없이, 값없이 와서 포도주와 젖을 사라 너희가 어찌하여 양식이 아닌 것을 위하여 은을 달아주며 배부르게 하지 못할 것을 위하여 수고하느냐 내게 듣고 들을지어다 그리하면 너희가 좋은 것을 먹을 것이며 너희 자신들이 기름진 것으로 즐거움을 얻으리라 너희는 귀를 기울이고 내게로 나아와 들으라 그리하면 너희의 영혼이 살리라 내가 너희를 위하여 영원한 언약을 맺으리니 곧 다윗에게 허락한 확실한 은혜이니라.

마태복음 6:33 너희는 먼저 하나님의 나라와 그의 의를 구하라 그리하면 이 모든 것을 너희에게 더하시리라.

하나님을 찾을 때, 하나님의 말씀대로 살고자 몸부림칠 때, 지속적으로 의로운 길을 걸으려 할 때 하나님은 우리를 배부르게 하십니다. 만족하게 하십니다. 평안하게 하십니다. 필요한 모든 것을 더하여 주십니다.

비움은 채움의 전제 조건입니다. 거짓되고 더러운 욕망을 비우고 하나님의 의와 거룩으로 채워지는 삶을 살고자 몸부림칠 때 하나님은 은혜를 폭포수와 같이 부어주십니다. 그래서 우리의 영혼을 만족시키십니다. 이렇게 의로 채우고자 몸부림치는 사람은 복있는 사람입니다.

제 8 장

다섯 번째 계단: 베풀기
긍휼은 가장 확실한 보험입니다

마태복음 5:7 긍휼히 여기는 자는 복이 있나니 그들이 긍휼히 여김을 받을 것임이요.

팔복은 변화를 요구하는데, 이 변화는 내적 변화와 외적 변화로 구분할 수 있습니다. 내적 변화는 하나님과의 관계회복을 통해 하나님의 성품으로 바뀌어져 가는 변화입니다. 이 변화는 복있는 사람으로의 변화입니다. 이 내적 변화는 이미 앞에서 말했듯이 다음의 네 가지입니다.

- 영적 가난을 통한 자기 비움
- 죄와 무능으로 인해 슬피 애통함
- 하나님께 순종하는 온유한 사람으로 길들여짐

● 하나님의 의를 추구하며 의의 길을 가기 위한 영적 몸부림

이처럼 내적 변화가 하나님의 사람, 하나님의 성품으로 바뀌는 변화라면 다섯 번째부터 여덟 번째는 하나님의 성품을 구체적으로 드러내는 삶이라고 할 수 있습니다. 외적 변화는 적극적인 사랑과 평화와 헌신을 추구하는 삶입니다. 예수님은 하나님의 백성이 이러한 삶을 살 때 진정 복 있는 사람이 된다고 가르치십니다. 즉 하나님과의 관계회복을 통한 하나님의 성품으로의 내적 변화는 살아가는 방식에도 변화를 가져온다는 것입니다. 내적, 외적으로 일어난 변화가 온전한 변화입니다.

팔복의 다섯 번째요, 외적 변화의 첫 번째는 "긍휼히 여기는 사람"입니다. 긍휼히 여긴다는 것은 다른 사람에게 베푸는 것으로 자신뿐 아니라 다른 사람까지도 복있는 인생으로의 변화를 가져옵니다. 천국백성-복있는 사람-답게 사는 사람은 하나님을 닮아가는 사람입니다. 하나님의 사랑을 닮은 사람은 주는 것을 좋아합니다. 이 점에 대해 C. S. 루이스는 이렇게 말했습니다.

> 우리의 주는 사랑은 참으로 하나님을 닮은 것이다. 또한 남에게 주고자 하는 끝없고도 그칠 줄 모르는 사랑은 그중에서 가장 하나님을 닮은 사랑이다.[22]

전북 김제시 금산면 금산리에 소재한 금산교회는 건물 모양이 기역(ㄱ)자인 관계로 'ㄱ'교회로 알려져 있습니다. 이 교회는 1905년 미국 남장로

---

[22] C. S. 루이스, 『네 가지 사랑』, 원광연 역 (서울: 생명의 말씀사, 1983), 13.

교 데이트(한국명: 최의덕) 선교사님이 당시 비단장사를 하며 마방을 운영했던 조덕삼이라는 지방 부호에게 전도를 하면서 시작되었습니다. 기독교에 관심을 갖던 조덕삼은 자신의 집 사랑채를 예배당으로 사용하도록 했습니다. 어느 날 경상남도 남해섬에서 출생한 이자익이라는 17세 소년이 끼니를 해결하기 위해 섬을 떠나 금산에 가면 밥을 배불리 먹을 수 있다는 말을 듣고 금산에 왔습니다. 이 소년이 문을 두드린 곳은 조덕삼의 집이었습니다. 조덕삼은 이자익에게 마부 일을 맡겼습니다. 이자익은 조덕삼의 마부가 된 후 예수님을 영접하고 글을 배우고 결혼을 했습니다. 놀라운 일은 금산교회가 장로를 세우기 위해 투표를 했는데, 주인인 조덕삼은 떨어지고 마부 이자익이 장로가 되었습니다. 주인인 조덕삼이 될 줄로 알았던 선교사와 성도들은 모두 놀라 조덕삼의 눈치를 살피고 있었습니다. 이때 조덕삼은 겸손히 결과를 받아들였습니다. 당시 선교사가 설교를 못할 때는 장로가 했기에 마부가 하는 설교를 주인이 들어야 하는 입장이었지만 조덕삼은 겸허히 받아들이고 열심히 교회를 섬겼습니다. 이후 교회가 부흥하여 예배당을 건축하였는데, 예배를 드릴 때 남녀를 구별하기 위해 'ㄱ'자로 건축했습니다. 건축 후 금산교회는 장로투표를 실시하였는데, 이때 조덕삼이 장로로 피택되었습니다. 이제 금산교회는 주인과 마부가 장로로 섬기게 되었습니다. 그 후 조덕삼 장로는 이자익 장로가 목회자가 되기를 바라며 평양신학교로 유학을 보내 주었습니다. 물론 학비와 생활비 등 모든 비용을 지원해 주었습니다. 조덕삼 장로는 신학생 이자익이 목사님이 되자 금산교회 2대 담임목사로 청빙을 하였습니다. 주인이었던 조덕삼 장로는 마부였던 이자익 목사가 깍듯이 모셨습니다. 조덕삼 장로는 1919년 12월 하나님의 부름을 받았고, 조덕삼 장로의 후광 속에 목사가 된 이자익은 목회도 잘하고 장로교 총회에서 3회(1924, 1947, 1948)에 걸쳐 총회장을 역임하게 되었습니다. 자신의 말을 끄는 마부 이자익에게 글을 깨우쳐 주고 결혼식도 올려주고 신학교에 보내어 목사가 되는 데 전적으로 지원했을 뿐 아니라, 섬기는 금산교회 2대 목사로 부임하는 데 큰 역할을 한 조덕삼 장로의 겸손한 헌신이 이자익 목사라는 훌륭한 목사를 배출하게 되었습니다.[23]

이처럼 긍휼은 자신뿐 아니라 다른 사람까지도 복있는 인생이 되게 합니다.

1. 긍휼의 정의와 의미

1) 국어사전

일반적으로 불쌍히 여겨 돌보아 주는 마음과 행위입니다.

2) 성경의 의미

구약의 긍휼이란 단어는 '헤세드'로 '자비를 베풀다, 고통당하는 자들을

---

23) 김수진, 『조덕삼 장로 이야기』 (서울: 도서출판진흥, 2010).

도와주다, 불쌍한 자들을 도와주다, 불행에 빠진 자들을 구해주다'의 뜻입니다. 신약의 긍휼은 '엘레몬', '엘레오스'로 '자선, 베풂'의 의미입니다.

긍휼은 '자비'와 같은 뜻으로 쓰입니다. 이는 마음으로 불쌍히 여기고 필요한 자에게 실제적인 도움을 주는 것입니다. 긍휼은 분노나 정죄 대신에 상대의 고통이나 연약함에 대해 함께 동참하는 마음을 갖고 다가가는 것입니다. 긍휼과 자비는 불쌍히 여기는 마음을 넘어 구체적인 행동이 뒤따릅니다. 즉 긍휼은 사랑의 표현이나 행위로 베푸는 것입니다.

예수님에게 율법 선생이 찾아와 어떻게 하여야 영생을 얻을 것인지를 질문했습니다. 예수님이 율법에 무엇이라 기록되었느냐고 묻자 "네 마음을 다하고 목숨을 다하고 힘을 다하며 뜻을 다하여 주 너의 하나님을 사랑하고 또한 네 이웃을 네 자신같이 사랑하라 하였나이다"라고 대답했습니다.

그러자 예수님은 네 대답이 옳다고 하시며 이를 행하면 살 것이라고 말씀하셨습니다. 이를 위해 한 예를 드십니다. 어떤 사람이 예루살렘에서 여리고로 내려가다가 강도를 만나 죽게 되었습니다. 마침 그때 세 사람이 지나갔습니다. 먼저 제사장과 레위인은 피하여 지나갔습니다. 그들에게 피를 묻히는 것은 부정한 일이라고 생각했기 때문이었습니다. 그리고 사마리아 사람이 지나가다가 이 사람을 보고는 "불쌍히 여겼다"고 했습니다. 이는 긍휼히 여겼다는 것입니다. 이 사람은 여기에 그치지 않고 기름과 포도주를 상처에 붓고 싸매고 자기 짐승에 태워 주막으로 데리고 가서 돌보아 주었습니다. 그 다음날 주막 주인에게 돈까지 주면서 돌보아 달라고 했습니다.

예수님이 이렇게 질문하셨습니다. "네 생각에는 이 세 사람 중 누가 강도 만난 자의 이웃이 되겠느냐?", "자비를 베푼 자니이다", "가서 너도 이와 같이 하라." 답은 분명합니다. "이와 같이 하라", 즉 긍휼을 베푸는 것입니다.

2. 긍휼이 여겨야 할 이유

1) 은혜성

긍휼히 여기는 마음과 행위는 하나님의 의를 드러내는 근거가 됩니다. 의는 은혜로부터 출발합니다. 긍휼히 여기는 삶을 살아야 할 이유는 하나님의 은혜때문입니다. 이 말은 하나님이 우리를 먼저 긍휼히 여겨주셨다는 것입니다. 하나님은 죄인인 우리를 불쌍히 여겨 구원하시기로 작정하셨습니다. 하나님의 긍휼하심의 최고봉은 독생자 예수님을 이 땅에 보내시는 것이었습니다. 그리고 십자가의 고난과 죽음을 통해 인간을 향한 긍휼의 마음이 초절정에 이릅니다.

(1) 이 은혜성은 사랑으로 시작됩니다

율법은 일반적으로 세 가지로 구분합니다. 첫째는 도덕법으로 십계명을 말합니다. 십계명은 하나님을 사랑하기에 지켜야 할 법과 이웃을 사랑하기에 지켜야 할 법으로 구분됩니다. 하나님을 사랑하기에 지켜야 할 법을 의식법이라고 하며, 이웃을 사랑하기에 지켜야 할 법을 시민법이라고 합니다. 의식법의 내용을 압축하면 두 가지로 정리됩니다. 제사(예배)와 정결(거룩)입니다. 하나님을 사랑하는 사람은 마땅히 하나님께 예배를 드려야 합니다. 그리고 하나님이 거룩하시니 하나님의 백성도 거룩하여야 합니다. 이로써 하나님과 정상적인 교제가 이루어지며 하나님을 사랑하는 자로서의 삶이 이어집니다. 시민법도 두 가지 내용으로 정리됩니다. 먼저 소극적인 면으로 최소한 남에게 피해는 주지 말고 살라는 것입니다. 재산, 인명, 가족, 인격 등에 피해를 주는 것은 남을 불행하게 만드는 것입니다. 하나님은 우리 자신의 행복이 소중하면 최소한 남의 행복도 존중해주어 피해를 주는 일은 삼가고 조심하라는 것입니다. 그리고 적극적인 면으로 다른 사람을 힘써 도와주며 살라는 것입니다. 자신의 희생을 감수하면서도 연약하고 가난한 사람을 적극적으로 도와주며 사는 것이 하나님의 은혜를 입은 사람이 가져야 할 태도입니다. 하나님은 우리가 하나님의 사랑과 긍휼을 받고 살아가기에 다른 사람에게도 긍휼이 담긴 사랑을 하며 살기를 원하십니다.

하나님은 예수님을 통해 완전한 사랑을 보여주십니다. 우리의 의지로는 온전한 사랑을 할 수 없습니다. 그러나 예수님의 이름으로 하나님을 닮아갈 때 사랑을 베풀 수 있습니다. C. S. 루이스는 "하나님의 사랑은 주는 사랑이다. 아버지 하나님은 자기의 모든 것을 아들에게 주신다. 아들은 자기 자신을 아버지 하나님께 되돌려드리며, 세상을 위하여도 내어 놓으신다. 이렇게 해서 아들은 세상도 아버지께 되돌려드리고 있는 것이다."[24] 그렇습니다. 하나님은 아들이신 예수님을 보내심으로 모든 것을 사랑으로 주셨습니다. 예수님을 알면 알수록 하나님의 사랑의 위대함이 드러납니다. 예수님의 마음이 하나님의 마음입니다. 예수님에게는 이루 말할 수 없는 사랑이 넘치는 긍휼의 성품이 나타나 있습니다. 예수님은 연약하고 힘이 없는 사람들을 긍휼히 여기셨습니다. 병든 자들에게 손을 내밀어 고치셨습니다. 저는 자들에게 손을 내밀어 걷게 하셨습니다. 소경의 눈을 뜨게 하셨고 귀머거리를 듣게 하셨고 벙어리로 하여금 말하게 하셨습니다. 비천한 자들과 한센병자와 같이 사회적으로 소외된 사람들, 창녀와 세리들과 술 취한 사람들을 용납해 주셨습니다. 그리고 그들을 사랑으로 감싸주셨습니다. 외로운 자들에게 다가가시고 어린아이들을 품에 안으시고 안수하며 축복하셨습니다. 예수님은 사랑이 듬뿍 묻어 있는 긍휼을 베푸셨습니다. 예수님은 지금도 우리를 이렇게 대해 주십니다. 우리가 긍휼을 베풀어야 할 이유가 바로 예수 그리스도로 말미암아 나타난 하나님의 위대한 사랑과 은혜 때문입니다.

(2) 이 은혜성은 용서를 포함합니다

요한복음 8장에는 바리새인들이 현장에서 간음하다 붙잡혀 온 여인을 예수님에게 끌고 온 기사가 나옵니다. 이 여인은 얼굴을 들지 못한 채 율법에 정해진 대로 돌에 맞아 죽을 준비를 하고 있었습니다. 그런데 예수님은 "너희 중에 죄 없는 자가 먼저 돌로 치라"고 하시면서 손가락으로 땅

---

24) C. S. 루이스, 『네 가지 사랑』, 5

에 쓰셨을 때 사람들은 예수님의 말씀을 듣고는 양심의 가책을 느껴 다 물러가고 여인만 남았습니다. 예수님은 "다시는 죄를 범하지 말라"고 하시고는 용서해 주시고 살 기회를 주십니다.

예수님은 죄인이 죄를 깨닫고 부끄러워할 때 정죄하지 않으시고 긍휼이 여겨 죄를 사하시고 새사람이 되게 하셨습니다.

> **마태복음 9:13** 너희는 가서 내가 긍휼을 원하고 제사를 원치 아니하노라 하신 뜻이 무엇인지 배우라 내가 의인을 부르러 온 것이 아니요 죄인을 부르러 왔노라.
>
> **시편 103:13** 아비가 자식을 불쌍히 여김같이 여호와께서 자기를 경외하는 자를 불쌍히 여기시나니.
>
> **디모데전서 1:13** 내가 전에는 훼방자요 핍박자요 포행자이었으나 도리어 긍휼을 입은 것은 내가 믿지 아니할 때에 알지 못하고 행하였음이라.

천국백성은 하나님의 은혜로 말미암아 긍휼히 여김을 받아 예수님의 이름으로 구원을 받고 은혜 안에서 살아가는 사람입니다. 따라서 우리에게는 사랑과 용서가 담긴 긍휼이 여기는 삶이 요구됩니다.

2) 의무성

의무성이란 긍휼은 성경에서 요구하는 명령이라는 의미입니다. 즉 해도 되고 안 해도 되는 것이 아니라 반드시 해야 한다는 것입니다.

성경은 천국백성으로 하여금 긍휼을 베풀지 않으면 심판이 있습니다.

야고보서 2:13 긍휼을 행하지 아니하는 자에게는 긍휼 없는 심판이 있으리라 긍휼은 심판을 이기고 자랑하느니라.

용서할 때 하나님의 용서가 있다고 하셨습니다.

마태복음 18:35 너희가 각각 마음으로부터 형제를 용서하지 아니하면 나의 하늘 아버지께서도 너희에게 이와 같이 하시리라.

먼저 남을 대접하라고 하셨습니다.

누가복음 6:31 남에게 대접을 받고자 하는 대로 너희도 남을 대접하라.

그러면 긍휼을 베푸는 방법에 대해 살펴보겠습니다.
이처럼 긍휼이란 하나님의 은혜에 근거하여 사랑, 용서 그리고 의무감으로 필요를 채워 주는 것입니다. 긍휼을 베푸는 방법은 다음과 같습니다.

(1) 영적인 긍휼입니다
불쌍히 여기는 것, 설교나 권면 등으로 깨닫게 하는 것, 기도하는 것입니다. 그리고 죄로 인해 괴로워하는 사람에게 하나님의 사랑과 용서를 전합니다. 전도도 잃어버린 영혼들에게 가장 필요한 긍휼입니다.

(2) 물질적인 긍휼입니다

고아, 과부, 나그네. 가난한 사람, 마음이 상한 자, 원수, 옥에 갇힌 사람, 어려운 학생, 독거노인, 병자, 재난 당한 사람 등에게 직접 필요한 것을 나눕니다. 이것이 긍휼입니다. 긍휼은 동정에 그치는 것이 아닙니다. 직접 필요한 것을 채워 주고 도와주는 베풂입니다.

긍휼은 불쌍하다고 동정하는 것으로 그치지 않고 행동하는 것입니다. 말만 있을 뿐 행함이 없는 것은 죽은 믿음입니다.

야고보서 2:26 영혼 없는 몸이 죽은 것같이 행함이 없는 믿음은 죽은 것이니라.

또한 선을 행할 줄 알면서 미루는 것 또한 죄입니다.

야고보서 4:17 그러므로 사람이 선을 행할 줄 알고도 행하지 아니하면 죄니라.

하나님은 아는 것을 실천하기를 원하십니다. 입으로만 사랑하자고 외치는 소리는 공허한 소리일 뿐입니다.

요한일서 3:18 자녀들아 우리가 말과 혀로만 사랑하지 말고 행함과 진실함으로 하자.

궁휼은 영적인 것뿐 아니라 가지고 있는 것으로 어렵고 필요한 사람에게 베푸는 것이 참된 궁휼입니다. 하나님은 이러한 사람을 기뻐하십니다. 그러면 왜 궁휼을 베풀지 못하는지 그 이유는 이렇습니다.

- 나도 먹고 살기 바쁜 데 남을 도와줄 마음의 여유가 없습니다.
- 궁휼을 베풀고 싶지만 용기가 없어서 못합니다.
- 별로 도움이 될 것 같지 않다고 판단하여 궁휼을 베풀지 못합니다.
- 내가 아니어도 누군가 도울 것이라는 생각 때문입니다.
- 가장 궁휼을 베풀지 못하는 가장 중요한 이유는 하나님의 은혜에 대한 감격이 없기 때문입니다. 하나님으로부터 받은 은혜가 풍성하지만 이것을 알지 못하므로 궁휼을 베풀지 못합니다.

하나님의 은혜가 풍성한 사람은 궁휼을 베푸는 것을 즐거워합니다. 남을 궁휼히 여기는 사람은 하나님의 성품을 닮은 사람입니다. 하나님은 베푸는 것이 특기이기 때문입니다.

3. 가장 확실한 보험

이렇게 궁휼히 여기는 사람은 확실한 보험을 든 복있는 사람입니다. 하나님은 궁휼히 여기는 사람에게 이런 아름다운 결과를 허락하십니다.

- 우리가 다른 사람을 긍휼히 여기면 하나님이 우리를 긍휼히 여겨 주십니다. 사람은 누구나 실수하고 죄를 짓습니다. 때로는 용서받을 수 없는 죄를 범하거나 잘못을 할 때가 있습니다. 이러한 상황에서 회개하면 하나님은 우리를 긍휼히 여기사 용서해 주십니다.
- 아름다운 관계를 형성해 갑니다. 아름다운 세상은 비판하고 정죄의 칼날을 세우는 사람들이 아닌 긍휼의 마음을 가진 사람들을 통해 세워져 가게 됩니다. 긍휼이 있는 곳에 따뜻함이 있고 생명의 역사가 일어납니다. 어느 시대나 긍휼의 마음을 가진 사람들이 많은 곳에는 의와 평강의 열매가 드러납니다. 반면 정죄하고 비난만 무성하면 분열과 싸움, 갈등의 골만 깊어갑니다. 국가나 민족, 사회에 긍휼히 여기는 마음을 가진 사람이 많으면 하나님이 복에 복을 더하십니다. 교회 공동체 안에서도 긍휼의 마음을 가진 사람들이 많아야 복된 곳이 됩니다. 긍휼히 여기는 마음을 가질수록 전도를 통해 영혼이 구원을 받게 되는 놀라운 일들이 일어납니다.

소록도의 어느 교회에 나이 70세가 훨씬 넘어 보이는 할아버지가 찾아와 울면서 자기가 그곳에 오게 된 사연을 말했습니다. 그 시작은 아주 오래 전으로 거슬러 올라갔습니다. 30년도 넘은 일입니다. 그 할아버지는 자식을 여럿 낳았습니다. 자식들이 커가면서 어느 날 막내아들이 문둥병에 걸렸다는 것을 알게 되었습니다. 아버지는 그 아들을 소록도에 보내기로 했습니다. 쉽게 말하면 자식을 버리기로 했습니다. 열대여섯 살 된 아들을 데리고 먼 길을 떠납니다. 이 아들은 자신이 무슨 병에 걸렸는지, 어디로 가는지 압니다. 아버지는 아들을 데리고 가면서 이렇게 살면 뭐하냐고 하면서 아들과 함께 강으로 들어가서 둘 다 죽고자 했습니다. 아버지가 아들을 데리고 들어갑니다. 그런데 아들이 아버지에게 말합니다. "아버지 병은 제가 걸렸는데, 왜 아버지가 죽어요. 저는 괜찮으니까 아버지는 죽지 마세요." 죽는 것도 쉽지가 않았습니다. 그리고 어린 아들을 소록도에 혼자 두고 다시 가정으로 돌아왔습니다. 그리고는 다른 자식들을 키우느라 소록도에 보낸 아들을 잊어버렸습니다. 다른 자식들은 대학교도 보내고 결혼도 시키며 열심히 살았습니다. 그러다 보니 나이가 들어 힘도 약해지고 경제적인 능력도 없어졌습니다. 자식들 집에서 삽니다. 그런데 늘 마음이 편치가 않습니다. 눈치를 보게 됩니다. 큰 아들 집에서 몇 개월, 작은 아들 집에서 몇 개월, 이렇게 눈치를 보면서 살았습니다. 그러던 어느 날 갑자기 오래전에 버린 막내아들이 생각이 났습니다. 그 아들이 살았는지 죽었는지 궁금했습니다. 그 아들이 무척 보고 싶었습니다. 이 할아버지는 무작정 자기가 버린 아들을 찾아 먼 길을 다시 떠납니다. '아들은 살아 있을까, 살아 있다면 지금은 어떤 모습일까'는 생각이 들었습니다. 그리고 아들을 버린 것으로 인해 마음이 찢어질 듯이 아팠습니다. 눈물을 흘리며 아들을 찾아갑니다. 소록도에 가서 아들 이름을 대니 아직 살았다는 것을 알게 되었습니다. 아들을 만날 시간이 되었습니다. 중년의 남자가 다가오는데, 얼굴은 일그러졌습니다. 손은 뭉툭해졌습니다. 그러나 자기 막내아들임을 알 수가 있었습니다. 버렸던 자식을 이제는 껴안았습니다. 그리고는 아버지가 잘못했다고 용서를 빌었습니다. 어렸을 때부터 속이 깊었던 아들은 아버지의 눈물을 닦아 주며 이렇게 말했습니다.

아버지 울지 마세요. 아버지 저는 너무 행복합니다. 처음에 이곳에 와서 힘들고 아버지도 원망했어요. 그러던 어느 날 예수님을 만나게 되었어요. 예수님이 저 같은 사람을 버리지 않으시고 사랑해 주셨어요. 예수님을 만난 이후로 지금까지 기도했어요. 아버지를 다시 만날 수 있게 해 달라고요. 예수님은 저의 기도에 응답해 주셨어요. 아버지, 괜찮으시다면 저와 함께 살아요. 제 병은 옮지 않아요. 그리고 결혼도 해서 아버지 며느리도 있고 손자도 있어요.

아버지는 자기가 버렸던 자식의 이러한 말에 눈물을 하염없이 흘렸습니다. 예수님 때문에 사랑할 수 있었고 예수님 때문에 가장 낮은 자리에서도 행복할 수가 있었습니다.

예수님을 영접한 후 자신을 버린 것처럼 생각할 수 있는 아버지를 도리어 이해하고 위로한 이 마음은 하나님이 주신 마음입니다. 긍휼히 여기는 마음은 아름다운 관계를 형성합니다.

또한 긍휼히 여기는 사람은 복을 풍성히 받습니다.

우리나라에서 나눔을 실천한 대표적 부자인 경주 최 부잣집은 '부자가 3대를 못간다'는 말을 깨고 12대 300년을 갔습니다. 그 가문이 12대 300년을 부자로 갈 수 있었던 것은 제가의 6가지 가훈, 즉 육훈이 있었고 이를 지켰기 때문이었습니다.

- 진사 이상의 벼슬을 하지 마라. 조선시대 '진사'라는 신분은 초시(初試) 합격자를 가리키는데, 벼슬이라기보다는 양반 신분입니다. 양반 신분은 유지하되 더 이상 정치에 뛰어들지 않겠다는 것입니다. 정치에 뛰어들면 정쟁(政爭)에 휘말리고 반드시 많은 적들이 생기기 때문이었습니다.
- 만석(쌀 일만 가마니) 이상의 재산을 모으지 말며 만석이 넘으면 사회에 환원하라.
- 흉년에는 남의 땅을 사지 마라.
- 과객(過客)은 후히 대접하라.
- 며느리들은 시집온 뒤 3년 동안 무명옷을 입어라.
- 사방 100리 안에 굶어 죽는 사람이 없게 하라.

누가 진정 부자요, 대인입니까? 돈만 많다고 부자가 아닙니다. 자신이 받은 복을 필요한 사람에게 가진 것으로 긍휼을 베푸는 사람입니다.

교회도 마찬가지입니다. 오늘날 교회는 등록교인수에 따라 큰 교회와 작은 교회로 평가하는 경향이 있습니다. 그러나 교인수가 많든 적든 자기 교회밖에 모른다면 그런 교회는 작은 교회요, 긍휼을 풍성히 베푸는 교회는 주님이 인정하시는 진정한 큰 교회입니다. 하나님은 긍휼히 여기는 마음으로 베푸는 사람과 교회에 복을 주셔서 더 많이 베풀도록 하십니다.

시므이의 저주 - 다윗은 사랑하는 아들 압살롬에게 반역을 당하는 힘든 시간이 있었습니다. 생명의 위협을 느낀 다윗은 피신하게 됩니다. 피신 중에 두 사람을 만납니다. 먼저 사울왕의 족속인 시므이를 만납니다(삼하

16:5-14). 그가 사는 바후림에 다윗과 그 일행이 이르렀을 때에 사울의 집이 망한 것이 다윗 때문이라고 소리를 지르고 저주했습니다. 사울이 죽고 집이 망한 것은 사울이 잘못했기 때문이었습니다. 그런데 시므이는 도리어 다윗이 망하게 했다고 거짓 누명을 씌우면서 저주를 했습니다.

　이 말을 들은 다윗의 신복인 아비새가 시므이를 죽이겠다고 했습니다. 그러자 다윗은 이렇게 말합니다. "내 몸에서 난 아들도 내 생명을 해하려 하거든 하물며 이 베냐민 사람이랴 여호와께서 저에게 명하신 것이니 저로 저주하게 버려두라 혹시 여호와께서 나의 원통함을 감찰하리니 오늘날 그 저주 까닭에 선으로 내게 갚아 주시리라"하고는 지친 백성들과 함께 길을 갑니다. 시므이는 계속 따라가며 욕설을 퍼붓고 저주하고 돌을 던졌습니다. 모든 상황을 하나님께 맡기고 시므이를 죽이지 않은 다윗은 얼마 후 왕으로 다시 세움을 받았고 시므이는 피신 중인 다윗을 저주한 대로 후에 자신이 도리어 저주를 받습니다.

　바르실래의 긍휼 - 바르실래라는 사람이 있습니다(삼하 17:27-29). 피신길에 오른 다윗이 마하나임에 이르렀을 때에 그 지방의 부자인 바르실래는 다윗과 그 일행에게 침상, 대야와 질그릇, 밀, 보리, 밀가루, 볶은 곡식, 콩, 팥, 볶은 녹두, 꿀, 버터, 양, 치즈를 주어 먹게 했습니다. 바르실래는 그들이 시장하고 곤하고 목마르겠다고 생각해 극진히 대접해 주었습니다. 몸과 마음이 지친 다윗은 큰 힘을 얻었습니다. 그리고 자신이 예루살렘으로 돌아갈 때 바르실래에게 자신이 어려울 때 공궤해 주었던 것에 대한 보답으로 공궤해 줄 터이니 함께 예루살렘으로 가자고 요청했습니다. 그러나 바르실래는 이를 정중히 거절하고 아들인 김함을 데리고 가달라고 부탁을 합니다. 바르실래는 고난 중에 있는 다윗을 순수한 마음으로 도왔습니다. 그리고 자신이 왕에게 호의를 베푼 것으로 만족했습니다. 그러나 하나님은 후에 바르실래의 아들 김함에게 복을 주었습니다. 하나님은 긍휼을 베푸는 사람의 자식까지 복을 베풀어 주십니다.

어려운 상황에 놓여 있는 사람을 저주하는 사람은 저주받기를 자처하는 사람입니다. 반면 어려운 상황에 놓여 있는 사람을 불쌍히 여기고 돌보고 마음과 물질로 베푸는 사람은 복을 예비하는 사람입니다. 사도행전 20:35에서도 주는 것이 받는 것보다 복이 있다고 했습니다.

자녀가 하나님으로부터 복을 받기를 원한다면 바르실래의 본을 받아 부지런히 긍휼을 베푸는 지혜의 실천이 필요합니다. 신실하신 하나님은 사랑으로 긍휼을 베푼 사람을 꼭 기억하시고 우리도 모르는 사이에 복을 베풀어 주십니다.

마태복음 25:31-46에는 예수님이 재림하실 때에 목자가 양과 염소를 구분하듯이 양은 오른편에, 염소는 왼편에 두시겠다고 하시면서 오른편에 있는 사람들은 "하나님께 복받을 사람들로 예비된 나라를 상속받으라"고 하셨습니다. 왼편에 있는 사람들에게는 "저주를 받은 자들아 예비된 영원한 불에 들어가라." 영원히 복을 받을 사람과 영원히 저주를 받을 사람의 차이가 어디에 있습니까? "내 형제 중 지극히 작은 자 하나에게" 긍휼을 베풀었느냐 안 베풀었느냐입니다.

예수님은 긍휼을 베푸는 사람에게 이런 약속을 하셨습니다.

누가복음 6:38 주라 그리하며 너희에게 줄 것이니 곧 후히 되어 누르고 흔들어 넘치도록 하여 너희에게 안겨 주리라 너희가 헤아리는 그 헤아림으로 너희도 헤아림을 도로 받을 것이니라.

하나님으로부터 받은 무한한 사랑과 친절을 베푸는 사람은 하나님으로부터 사랑과 자비와 긍휼을 받을 것이므로 복있는 사람입니다.
긍휼이 여기는 자가 받을 복에 관한 성경구절을 몇 절 소개합니다.

잠언 11:25 구제를 좋아하는 자는 풍족하여질 것이요 남을 윤택하게 하는 자는 자기도 윤택하여지리라.

잠언 14:21 이웃을 업신여기는 자는 죄를 범하는 자요 빈곤한 자를 불쌍히 여기는 자는 복이 있는 자니라.

잠언 14:31 가난한 사람을 학대하는 자는 그를 지으신 이를 멸시하는 자요 궁핍한 사람을 불쌍히 여기는 자는 주를 공경하는 자니라.

잠언 19:17 가난한 자를 불쌍히 여기는 것은 여호와께 꾸어드리는 것이니 그의 선행을 그에게 갚아 주리라.

누가복음 6:35 오직 너희는 원수를 사랑하고 선대하며 아무것도 바라지 말고 꾸어 주라 그리하면 너희 상이 클 것이요 또 지극히 높으신 이의 아들이 되리니 그는 은혜를 모르는 자와 악한 자에게도 인자하시니라.

사도행전 20:35 범사에 여러분에게 모본을 보여준 바와 같이 수고하여 약한 사람들을 돕고 또 주 예수께서 친히 말씀하신 바 주는 것이 받는 것보다 복이 있다 하심을 기억하여야 할지니라.

사람들은 현재와 미래를 위해 보험을 듭니다. 어떤 사고로 인하여 생길 재산상의 손해를 보상받기 위해 드는 손해보험(화재, 자동차, 해상, 보증보험 등)과 피보험자가 사망하거나 일정한 연령에 이르렀을 때 지급받는 생명보험(정기, 종신보험 등) 등입니다. 은퇴 후의 삶을 위해 연금도 들고 자녀들을 위해서도 보험을 듭니다. 이처럼 보험은 우리가 어려움에 봉착했을 때나 미래를 위해 미리 준비하는 성격을 가지고 있습니다.

이러한 보험을 들어 놓는 것도 필요합니다만 하나님으로부터 확실히 보장 받는 영적 보험이 있습니다. 그것은 긍휼을 베푸는 것입니다. 하나님으로부터 보상을 바라고 긍휼을 베푸는 것은 아닙니다. 그러나 하나님은 긍휼을 베푸는 사람과 그렇지 않은 사람을 기억하고 계십니다. 그리고 행위에 따라 갚아주십니다. 이것이 하나님의 공의입니다.

남에게 사랑을 베풀 수 있는 것이 복입니다. 사랑, 용서, 의무가 내포된 긍휼을 베푸는 사람은 하나님의 성품을 드러내는 사람입니다. 하나님은 이런 사람을 긍휼히 여겨 주십니다. 그들이 필요할 때 채워 주시고, 회개할 때 용서해 주시고, 연약할 때 돌보아 주십니다. 이처럼 하나님의 성품을 가진 옥토와 같은 사람에게 30배, 60배, 100배의 결실을 거두게 하십니다. 그래서 긍휼은 가장 확실한 보험입니다. 그러므로 긍휼히 여기는 사람은 복있는 사람입니다.

긍휼히 여기는 자는 복이 있나니 그들이 긍휼히 여김을 받을 것이라.

제 9 장

여섯 번째 계단: 순수하기
순수하면 하나님이 보입니다

마태복음 5:8 마음이 청결한 자는 복이 있나니 그들이 하나님을 볼 것임이요.

현대사회의 특징 중 하나는 외모지상주의입니다. 얼굴과 몸매가 중요한 관심사입니다. 따라서 예쁘고 멋있게 보이기 위해 외모에 많은 투자를 합니다. 물론 외모도 잘 준수하게 갖추고 내면도 아름다우면 좋은데, 내면은 공허하고 온전하지 못한 가운데서 외모에만 신경을 쓴다면 이것은 분명히 본인에게도 불행한 것이고 사회적으로도 미래에 암울한 현상이라고 생각할 수가 있습니다. 이러한 흐름은 사람의 진정한 아름다움과 행복이 어디에 있는지를 모르는 이 세대를 반영하는 한 단면입니다.

결혼도 마찬가지입니다. 이런 말이 있습니다. '얼굴 예쁘면 1년, 몸매 좋으면 10년, 성격 좋으면 100년 간다', '얼굴 예쁘면 1년, 음식 잘하면 3년, 마음씨 고우면 평생 간다'는 말입니다. 이런 말들은 우리의 내면이 소중하다는 것을 알려 주는 말들입니다. 그러나 이 세대는 마음보다 얼굴, 마음보다 몸매를 가꾸는 데 혈안이 되어 거꾸로 가고 있습니다.

예수님은 마음이 변하라고 말씀하십니다. 하나님 안에서 누릴 진정한 행복은 마음의 변화에서 옵니다. 예수님을 믿으면 변화가 일어나는 것이 마음가짐입니다. 예수님은 내면의 변화를 원하십니다.

예수께서 바리새인들을 합당하게 여기지 않으신 이유는 그들의 겉과 속이 달랐기 때문이었습니다. 바리새인들은 종교의식과 형식을 볼 때 겉은 아름답게 보였습니다. 그러나 예수님이 보실 때 그들의 속은 허식으로 가득 찼습니다. 의복은 단정하나 마음은 추했습니다. 예수님은 바리새인들을 보시고 크게 실망하셨습니다. 이에 대해 마태복음 23:25-28에서 분명히 지적하고 있습니다.

> 화 있을진저 외식하는 서기관들과 바리새인들이여 잔과 대접의 겉은 깨끗이 하되 그 안에는 탐욕과 방탕으로 가득하게 하는도다 눈먼 바리새인들이여 너는 먼저 안을 깨끗이 하라 그리하면 겉도 깨끗하리라 화 있을진저 외식하는 서기관과 바리새인들이여 회칠한 무덤 같으니 겉으로는 아름답게 보이나 그 안에는 죽은 사람의 뼈와 모든 더러운 것이 가득하도다 이와 같이 너희도 겉으로는 사람에게 옳게 보이되 안으로는 외식과 불법이 가득하도다.

예수님의 지적은 겉은 깨끗하게 보일지 모르나 속은 더럽고 썩었다는 것입니다. 예수님은 마음이 깨끗한 사람을 원하십니다. 이러한 사람이 복이 있는 사람입니다.

그러면 마음에 대한 정의를 살펴보겠습니다.

마음의 일반적인 정의는 '감각·지각 및 지·정·의의 움직임 또는 그 자리', '생각·인지·기억·감정·의지 그리고 상상력의 복합체로 드러나는 지능과 의식의 단면'을 가리킵니다. 이처럼 마음이란 사람의 지식·감정·의지 등의 정신 활동이 이루어지는 곳을 말합니다.

마음은 세 기능을 가지고 있습니다.

첫째는 지적 기능으로 생각, 계획, 기억, 깨달음, 분별, 묵상, 앎, 의심함, 의논함 등입니다.

둘째는 감정적 기능으로 근심, 두려움, 떨림, 번민, 괴로움, 싫어함, 아픔, 가책, 상함, 슬픔, 겁냄, 원망, 미움, 분노, 불안, 사모함, 탐냄, 담대함, 만족, 원통함, 놀람, 불쌍히 여김, 안심, 즐거움, 실망, 좋아함, 교만, 기쁨, 조급함, 사랑 등입니다.

셋째는 의지적 기능으로 마음을 다하여 행함, 뜻을 정함, 강퍅함, 확고함, 완고함, 순종함, 배반함, 의지함, 인내함, 자제함, 마음을 돌이킴, 부드러움 등입니다.

마음에 대한 성경의 어원적 정의는 이렇습니다.

구약에서 마음은 '레브'라는 단어로, 이는 가슴 부위 혹은 심장 등 신체 부분을 가리킬 때 쓰였는데, 여기에는 인간의 다양한 감정이 들어 있습니다.[25] 괴로움, 즐거움, 근심, 절망, 기력, 친밀함 등입니다. 또한 통찰, 비판적인 능력, 재판하는 능력 등입니다. 마음은 지혜의 기관이자 뜻과 계획의 자리입니다.

신약에서 마음은 '카르디아'로 이 단어는 '감정이나 사고의 중심지'란 의미를 갖습니다. 신약에서 157회가 사용될 정도로 많이 나오는 단어입니다. 특히 누가가 많이 사용했습니다. 누가가 기록한 누가복음에는 22회, 사도행전에는 21회 나옵니다. 카르디아는 내적인 자아를 말하며, 거듭나기 전의 인간의 마음은 죄가 거하는, 죄가 지배하는 마음으로 묘사되었습니다. 죄는 사탄이 가져오는 것인데, 죄가 우리를 지배하여서 우리 속에서 악한 생각이 나오고 그러므로 불순종하고 하나님께 회개하지 않고 우둔하고 어둡게 생각하며 살아갑니다.[26]

마음은 구원과 관련지어서 마음을 생각해야 하는데 거듭나기 전에 마음과 거듭난 사람의 마음을 확연하게 차이가 납니다. 마음은 구원과 관련지어서 볼 때에 거듭나기 전에 상태는 악한 상태로서 죄가 지배하는 장소라는 것입니다. 반면에 거듭났다고 하는 것은 마음의 변화가 일어나는 것인데, 하나님께서 인간을 새롭게 하는 구원사업을 하는 것이 마음이라는 것입니다.

로마서 10:10에서 "사람이 마음으로 믿어 의에 이르고 입으로 시인하여 구원에 이르느니라"고 했듯이 믿음은 마음에서 일어납니다.

---
25) 『비전성경사전』, 344.
26) 『비전성경사전』, 345.

1. 두가지 마음

예수님은 이런 마음에 대해 두 가지로 분명히 구분하여 말씀하십니다.

누가복음 6:45 선한 사람은 마음에 쌓은 선에서 선을 내고 악한 자는 그 쌓은 악에서 악을 내나니 이는 마음에 가득한 것을 입으로 말함이니라.

이 말씀에서 예수님은 선한 마음을 가진 사람과 악한 마음을 가진 사람으로 구분하시는데 이는 성경 전체에서도 같은 맥락에서 말합니다.

그러면 성경에 나오는 악한 마음과 선한 마음은 어떠한지를 살펴보겠습니다.

1) 악한 마음

(1) 악한 본성

창세기 6:5 여호와께서 사람의 죄악이 세상에 관영함과 그 마음의 생각의 모든 계획이 항상 악할 뿐임을 보시고.

(2) 부패함

예레미야 17:9 만물보다 거짓되고 심히 부패한 것은 마음이라.

(3) 악의 근원

마태복음 12:34 독사의 자식들아 너희는 악하니 어떻게 선한 말을 할 수 있느냐 이는 마음에 가득한 것을 입으로 말함이라.

(4) 더러움

마가복음 7:21-23 속에서 곧 사람의 마음에서 나오는 것은 악한 생각 곧 음란과 도적질과 살인과 간음과 탐욕과 악독과 속임과 음탕과 흘기는 눈과 훼방과 교만과 우매함이니 이 모든 악한 것이 다 속에서 나와서 사람을 더럽게 하느니라.

(5) 어두움

로마서 1:21 하나님을 알되 하나님으로 영화롭게도 아니하며 감사치도 아니하고 오히려 그 생각이 허망하여지며 미련한 마음이 어두워졌나니.

(6) 교만

잠언 18:12 사람의 마음의 교만은 멸망의 선봉이요 겸손은 존귀의 앞잡이니라.

(7) 하나님을 마음에 두지 않음

로마서 1:28 또한 저희가 마음에 하나님 두기를 싫어하매 하나님께서 저희를 그 상실한 마음대로 내어버려두사 합당치 못한 일을 하게 하셨으니.

(8) 회개하지 않음

로마서 2:5 다만 네 고집과 회개치 아니한 마음을 따라 진노의 날 곧 하나님의 의로우신 판단이 나타나는 그날에 임할 진노를 네게 쌓는도다.

(9) 기타

싫어하는 마음, 어리석음, 악을 꾀함, 멸시하는 마음, 적대적인 마음, 바르지 못함, 완악함, 완고함 등이 있습니다.

2) 선한 마음

(1) 회개하는 마음

시편 51:17 하나님의 구하시는 제사는 상한 심령이라 하나님이여 상하고 통회하는 마음을 주께서 멸시치 아니 하시리이다.

(2) 부드러운 마음

에스겔 11:19 내가 그들에게 일치한 마음을 주고 그 속에 새 신을 주며 그 몸에서 굳은 마음을 제하고 부드러운 마음을 주어서.

에스겔 36:26 또 새 영을 너희 속에 두고 새 마음을 너희에게 주되 너희 육신에서 굳은 마음을 제거하고 부드러운 마음을 줄 것이며.

(3) 성실한 마음

에베소서 16:5 종들아 두려워하고 떨며 성실한 마음으로 육체의 상전에게 순종하기를 그리스도께 하듯 하여.

(4) 순전한 마음

사도행전 2:46 날마다 마음을 같이하여 성전에 모이기를 힘쓰고 집에서 떡을 떼며 기쁨과 순전한 마음으로 음식을 먹고.

(5) 넓은 마음

고린도후서 6:13 내가 자녀에게 말하듯 하노니 보답하는 양으로 너희도 마음을 넓히라.

(6) 기타

견고함, 단련됨, 온전함, 평안함 등이 있습니다. 이상의 선한 마음은 순수함, 깨끗함, 투명함, 맑음 등으로 정리할 수 있습니다.

선한 마음을 가져야 할 이유는 하나님의 마음이 너무도 아름답고 선하고 거룩한 마음이기 때문입니다. 하나님은 선한 마음을 소유하셨기에 천국백성이 선한 마음을 갖기 원하십니다. 악한 마음은 사단의 마음이요, 선한 마음은 하나님의 마음입니다. 좋은 마음은 하나님의 마음을 담은 마음입니다.

좋은 마음에는 결실이 풍성합니다. 예수님은 씨 뿌리는 비유에서 마음이 얼마나 중요한지를 가르쳐 주십니다. 마음에 따라 결실을 맺기도 하고 맺지 못하기도 합니다. 씨는 하나님의 말씀입니다. 이 말씀이 사람들에게 뿌려집니다. 이때 나타나는 반응이 네 가지로 나옵니다.

첫째는 길가입니다. 말씀을 듣기는 하나 마귀가 구원을 얻지 못하게 하려고 그 마음에서 말씀을 빼앗습니다.

둘째는 바위 위입니다. 말씀을 들을 때는 기쁨으로 받지만 말씀이 뿌리를 내리지 못하기에 잠깐 믿다가 시련을 당하면 배반합니다. 교회에 나오다가 무슨 어려운 일이 생기면 교회를 떠나는 사람들입니다.

셋째는 가시떨기입니다. 말씀을 듣기는 하나, 믿음 생활을 하면서도 이생의 염려와 재물과 향락에 기운이 막혀 결실하지 못하는 사람들입니다. 염려, 근심, 걱정, 불평, 원망 등이 마음에 있으면 안개와 같이 시야를 흐리게 합니다. 햇빛을 차단시키고 하나님이 우리에게 주시는 은혜를 차단시키기 때문에 우리가 결실이 없는 것입니다. 제대로 못 보게 합니다. 그래서 결실이 없습니다.

넷째는 좋은 땅입니다. 좋은 땅은 착하고 좋은 마음입니다. 이 마음은 말씀을 듣고 지키어 인내로 결실하는 사람을 가리킵니다.

누가복음 8:15 좋은 땅에 있다는 것은 착하고 좋은 마음으로 말씀을 듣고 지키어 인내로 결실하는 자니라.

위의 네 곳 중에서 결실하는 곳은 오직 한 곳 좋은 땅, 즉 착하고 좋은 마음-순수한 마음에서 결실이 맺힙니다.

예수님을 믿고 교회를 다니면서 결실이 없는 이유는 순수하고 깨끗한 마음이 가리워졌기 때문입니다. 마치 창유리에 김이 끼어 보일듯 말듯 하는 것처럼 말씀을 듣지만 즉시로 말씀을 잊어버린다든지, 말씀이 뿌리를 내리지 못할 때 말씀이 차단되는 현상이 나타납니다. 이러한 현상은 마음에서 염려와 불평 등이 일어남으로 하나님의 말씀에 대한 확신을 가림으로 결실하지 못합니다. 좋은 땅은 착하고 좋은 마음입니다. 이러한 마음에서 하나님의 말씀이 뿌리를 내려 좋은 열매를 많이 맺게 됩니다. 좋은 마음은 환경과 조건을 초월합니다. 오늘 어려워도 인내합니다. 열매를 바라보고 즐거워합니다. 모든 상황에서 감사합니다. 오늘 슬픈 일이 있어도 내일의 희망을 가지고 웃습니다. 당장 열매가 없어도 비굴해지지 않습니다. 순수한 마음으로 하나님의 인도하심을 믿고 나아갑니다. 왜 그렇습니까? 하나님은 반드시 우리에게 좋은 열매를 주실 것을 확신하기 때문입니다. 이런 좋은 마음은 좋은 열매를 맺습니다. 그 열매가 예수께서 말씀하신 대로 30배, 60배, 100배 입니다. 이처럼 예수님을 믿는 사람의 마음밭은 좋은 밭이 되어 결실을 풍성히 맺습니다.

2. 청결

다음으로 청결에 대해 생각해 보겠습니다.

선하고 좋은 마음이란 청결한 상태를 유지하고 있는 마음의 상태입니다. 청결한 마음은 하나님이 원하시는 마음입니다.

> **시편 24:4-5** 곧 손이 깨끗하며 마음이 청결하며 뜻을 허탄한 데 두지 아니하며 거짓 맹세치 아니하는 자로다 저는 여호와께 복을 받고 구원의 하나님께 의를 얻으리니.

2) 구약의 청결

구약의 청결은 다음의 세 가지 면에서 찾아볼 수 있습니다.

- 제사입니다. 제사는 제사장이 맡은 가장 중요한 일로, 죄로 인해 더럽혀진 마음을 희생제사를 통해 정결하게 회복시킴으로 순수한 마음으로 하나님께 나아가도록 하였습니다.

- 선지자들은 하나님의 백성들의 영적, 도덕적 책임을 강조했습니다. 하나님을 경외하는 사람은 순수한 마음으로 높은 도덕성을 갖고 살 것을 선포했습니다.
- 하나님의 얼굴을 구하는 순수한 마음입니다.

시편 24:3-6 여호와의 산에 오를 자가 누구며 그의 거룩한 곳에 설 자가 누구인가 곧 손이 깨끗하며 마음이 청결하며 뜻을 허탄한 데에 두지 아니하며 거짓 맹세하지 아니하는 자로다 그는 여호와께 복을 받고 구원의 하나님께 의를 얻으리니 이는 여호와를 찾는 족속이요 야곱의 하나님의 얼굴을 구하는 자로다.

3) 신약의 청결

헬라어 '카타로스'는 '씻는다'는 의미를 가지고 있습니다. 몸이 더러우면 냄새가 납니다. 이 냄새는 깨끗이 씻으면 제거되고 몸이 청결해집니다. 더러워진 옷을 세탁하면 깨끗해집니다. 바로 이런 의미입니다.

성경에서 말하는 '청결'은 '더러움과 죄악을 씻음으로 죄에서 자유를 얻는다'는 의미를 가지고 있습니다. 더러운 것이 섞이지 않거나, 찌꺼기가 제거된 상태입니다. 따라서 청결은 마음의 동기가 아무것도 섞이지 않은 순수한 상태입니다.

어떻게 하면 깨끗해지고 깨끗함을 유지할 수 있습니까?

(1) 예수님의 보혈로 깨끗해집니다

하나님은 우리의 마음이 청결하기를 원하십니다. 그래서 예수님을 이 땅에 보내시고 십자가에서 대속의 피를 흘리시고 죽게 하셨습니다. 우리의 모든 죗값을 십자가에서 대신 다 지불하셨습니다. 우리에게 하나님의 의를 전가시켜 주셨습니다. 따라서 우리가 예수님을 온전히 믿으면 마음이 새로워집니다. 즉 깨끗해집니다. 예수 그리스도를 믿음으로 하나님의 의를 회복하고 그리스도의 보혈로 말미암아 정결해지는 역사가 일어날 때 우리의 마음이 깨끗해지는 것입니다. 몸을 물로 씻듯이 우리의 심령을 예수님의 보혈로 씻김을 받아야 합니다. 이렇게 되려면 예수님을 믿어야 합니다.

(2) 회개를 통한 청결입니다

회개는 지속적으로 해야 합니다. 몸을 한 번 씻고 일 년 동안 안 씻으면 깨끗함을 유지할 수 없듯이 우리는 지속적으로 회개할 때 마음의 청결을 유지할 수 있습니다. 하나님은 스스로 깨끗하다고 여기는 의인보다 더럽고 추한 죄인임을 인정하고 회개하는 죄인을 사랑하십니다. 이러한 사람에게 죄사함과 용서의 은혜가 부어집니다.

(3) 거룩한 마음을 지속해야 합니다

거룩함은 하나님의 속성입니다. 즉 깨끗한 마음의 지속입니다. 하나님은 깨끗한 마음을 원하십니다. 하나님은 어떤 마음을 가진 사람을 쓰십니까? 깨끗한 마음을 가진 사람입니다.

디모데후서 2:20-21 큰 집에는 금 그릇과 은 그릇뿐 아니라 나무 그릇과 질그릇도 있어 귀하게 쓰는 그릇도 있고 천하게 쓰는 것도 있나니 그러므로 누구든지 이런 것에서 자기를 깨끗하게 하면 귀히 쓰는 그릇이 되어 거룩하고 주인의 쓰심에 합당하며 모든 선한 일에 예비함이 되리라.

베드로전서 1:15 오직 너희를 부르신 거룩한 이처럼 너희는 모든 행실에 거룩한 자가 되라.

(4) 일편단심 (한 조각의 붉은 마음이라는 뜻으로, 진심에서 우러나오는 변치 아니하는 마음을 이르는 말)
즉 두 마음을 품지 않고 하나님을 향하여 변치 않는 순수한 마음을 갖습니다.

마음을 흐리게 하는 요소는 하나님에 대한 의심입니다. 의심은 하나님을 보는 시야가 흐려지게 합니다. 작은 의심은 점점 커지면서 불신을 낳고 불신은 불평을 낳고 불평은 원망을 낳습니다. 하나님이 가장 싫어하시는 것이 우상 숭배와 원망입니다. 원망은 마음이 하나님에게서 떠나 자기 마음대로 사는 길을 택합니다. 하나님의 구원과 사랑과 은혜와 능력과 인도하심에 대한 의심은 인간에게 엄청난 비극을 가져옵니다.

하나님을 향한 순수한 마음을 가진 사람은 어떠한 환경과 조건에서도 흔들리지 않고 하나님을 바라보고 하나님의 약속을 굳게 붙들고 나아갑니다.

로마서 12:2 "너희는 이 세대를 본받지 말고 오직 마음을 새롭게 함으로 변화를 받아 하나님의 선하시고 기뻐하시고 온전하신 뜻이 무엇인지 분별하도록 하라"에서 천국백성이 하나님의 뜻을 분별하기 위해서는 마음을 새롭게 하라고 강력히 권면합니다. 예수님을 믿으면 마음이 새로워집니다. 어두운 마음이 밝은 마음이 됩니다. 악한 마음이 좋은 마음이 됩니다. 약한 마음이 강한 마음이 됩니다.

3. 청결의 사례

마음이 청결하여 순수한 사람과 그렇지 않은 사람의 차이를 부자지간인 야곱과 요셉을 통해 찾아보겠습니다. 이 두 사람은 공통점이 있는데 꿈을 가졌다는 것입니다. 그러나 그 꿈을 이루어 가는 과정을 보면 서로 다른 길을 갑니다.

야곱은 마음이 순수하지 않았습니다. 자신의 성공을 위해서는 비굴해지기도 하고 속이기도 했습니다. 약자 앞에서는 강하고 강한 자 앞에서는 약자와 같이 살았습니다. 성격이 소심해 겁도 많았습니다. 이러한 성격 때문에 사기꾼(scammer)라고 불리기도 합니다. 그는 하나님께 매를 맞아야만 정신을 차렸습니다. 그래서 그는 인생의 굴곡이 심했습니다. 이렇게 신앙과 세상 사이를 왔다갔다하는 양면성, 즉 순수하지 못한 야곱은 나이가 많이 들어서 하나님의 강권적인 말씀에 의해 순수함을 회복합니다.

요셉은 청소년기에 형들의 잘못을 아버지에게 고자질하긴 했지만 그는 고난 중에도 하나님을 향한 마음이 흔들리지 않았습니다. 마음이 따뜻했습니다. 하나님이 주신 비전을 붙들고 오직 마음을 하나님께로 향했습니다. 그는 시간이 지날수록 하나님 앞에서 순수해졌습니다. 따뜻한 마음, 선한 마음, 아름다운 마음을 가졌습니다. 용서할 줄 아는 마음, 품어주는 마음, 너그러운 마음, 온유한 마음을 가졌습니다. 고난 중에도 하나님을 향한 마음이 흔들리지 않았고 성공 후에도 자만하지 않았습니다. 약자에게 사랑을 베풀고 강자 앞에서 비굴하지 않았습니다. 하나님은 요셉의 순수한 마음을 기뻐하셨습니다. 오죽하면 예수님의 모형이라고까지 하겠습니까!

또 다른 두 사람으로 사울과 다윗을 살펴보겠습니다. 이 두 사람의 공통점은 왕이라는 것입니다. 그러나 이들은 너무도 다른 삶을 살았습니다. 사울은 외모가 출중했습니다. 반면에 다윗은 사울에 비하면 외모는 떨어졌습니다. 사울은 시간이 지날수록 하나님으로부터 버림 받은 인생길로 가고 다윗은 하나님으로부터 사랑받는 길로 갑니다. 이 차이는 어디에 있습니까? 마음 상태의 차이입니다. 사울은 왕이 된 이후에 마음으로 하나님을 가까이하지 않았습니다. 불순종했습니다. 하나님을 거역했습니다. 긍휼히 여기는 마음이 없었습니다. 마음이 악했습니다.

반면 다윗에 대해 사도행전 13:22에서 하나님의 다윗에 대한 평가를 내리는데, "내 마음에 맞는 사람"이라고 했습니다. 다윗은 어떠한 상황에서도 하나님을 멀리하지 않았습니다. 하나님을 의심하지 않고 늘 신뢰했습니다. 그리고 어떻게 하면 하나님을 기쁘시게 해드릴까 고민했습니다. 하나님의 말씀에 순종하려고 몸부림쳤습니다. 긍휼히 여기는 따뜻한 마음도 가졌습니다. 시간이 지날수록 하나님을 사랑했습니다. 하나님은 다윗의 이러한 순수한 마음을 보시고 그를 사용하여 하나님의 뜻을 이루어 가셨습니다.

사무엘상 16:7 "사람은 외모를 보거니와 나 여호와는 중심을 보느니라"에서 말씀하듯이 하나님은 다윗의 순수한 마음의 중심을 보시고 왕으로 택하셨습니다.

하나님은 우리의 중심, 즉 마음을 보십니다. 늘 변치 않는 마음으로 하나님을 사랑하고 섬기고 순종하며 나아가는 겸손한 사람이 하나님 안에서 복있는 사람입니다. 이러한 마음이 순수한 마음입니다.

잠언 4:23 무릇 지킬만한 것보다 더욱 네 마음을 지키라 생명의 근원이 이에서 남이니라.

빌립보서 2:5 너희 안에 이 마음을 품으라 곧 그리스도 예수의 마음이니.

가장 깨끗하신 분, 완전하신 분이신 하나님의 아들 예수님의 마음을 품으라고 강력히 권고합니다.

이처럼 하나님이 인정하시는 좋은 마음은 하나님을 향한 순수한 마음, 하나님을 향한 일편단심 한 마음, 하나님 나라를 위한 순수한 동기와 열정이 있는 마음입니다.

4. 하나님을 본다는 의미

예수님은 마음이 청결한 사람은 하나님을 볼 것이라고 하셨는데, 하나님을 본다는 것이 어떤 의미를 가지고 있을까요?

1) 마음이 청결하여 순수한 사람은 영원, 즉 하나님 나라를 봅니다

요한복음 3:3 예수께서 대답하여 이르시되 진실로 진실로 네게 이르노니 사람이 거듭나지 아니하면 하나님의 나라를 볼 수 없느니라.

요한계시록 21:10-11 성령으로 나를 데리고 크고 높은 산으로 올라가 하나님께로부터 하늘에서 내려오는 거룩한 성 예루살렘을 보이니 하나님의 영광이 있어 그 성의 빛이 지극히 귀한 보석 같고 벽옥과 수정 같이 맑더라.

2) 마음이 청결하여 순수한 사람은 하나님이 함께하심을 봅니다

엘리사가 이스라엘의 선지자로 활동할 때 막강한 아람군대가 쳐들어 왔습니다. 이때 엘리사는 두려워하지 않고 당당하게 맞섰습니다. 엘리사는 마음에서 하나님이 함께하심을 보았기 때문입니다.

열왕기하 6:16 대답하되 두려워하지 말라 우리와 함께한 자가 그들과 함께한 자보다 많으니라 하고 기도하여 이르되 여호와여 원하건대 그의 눈을 열어서 보게 하옵소서 하니 여호와께서 그 청년의 눈을 여시매 그가 보니 불말과 불병거가 산에 가득하여 엘리사를 둘렀더라.

우리가 살다 보면 무수히 많은 도전과 두려움이 있습니다. 마음이 순수하지 않은 사람은 이런 상황에서 하나님을 보지 못하고 계속 두려워하고 인간적으로 허우적거리며 살 수밖에 없는 것입니다. 하지만 마음이 순수하면 하나님을 봅니다.

이사야 41:10 두려워하지 말라 내가 너와 함께함이라 놀라지 말라 나는 네 하나님이 됨이라 내가 너를 굳세게 하리라 참으로 너를 도와주리라 참으로 나의 의로운 오른손으로 너를 붙들리라.

말씀의 확신을 가지고 나아갈 수가 있는 것입니다. 이렇게 되면 하나님의 능력이 우리 삶에 강력하게 역사하시는 것을 보게 되는 것입니다. 그러니 우리가 근심할 일도 있고 염려할 일도 있지만 하나님이 주시는 비전을 가지고 하나님이 주시는 능력을 가지고 이기며 살아갈 수 있는 것입니다.

디모데후서 1:7 하나님이 우리에게 주신 것은 두려워하는 마음이 아니요 오직 능력과 사랑과 절제하는 마음이니.

3) 하나님의 구원하시는 능력을 봅니다

하나님의 능력으로 홍해를 통과한 이스라엘 백성들에 대해 출애굽기

14:31에서 이렇게 말씀합니다.

> 이스라엘이 여호와께서 애굽 사람들에게 행하신 그 큰 능력을 보았으므로 백성이 여호와를 경외하며 여호와와 그의 종 모세를 믿었더라.

바람과 바다를 잔잔케 하신 예수님의 구원의 능력을 봅니다.

> **마태복음 8:26** 예수께서 이르시되 어찌하여 무서워하느냐 믿음이 작은 자들아 하시고 곧 일어나사 바람과 바다를 꾸짖으시니 아주 잔잔하게 되거늘 그 사람들이 놀랍게 여겨 이르되 이이가 어떠한 사람이기에 바람과 바다도 순종하는고 하더라.

오병이어로 오천 명을 먹이고도 열두 광주리가 남게 하신 예수님의 능력을 봅니다.

> **마태복음 14:19-20** 무리를 명하여 잔디 위에 앉히시고 떡 다섯 개와 물고기 두 마리를 가지사 하늘을 우러러 축사하시고 떡을 떼어 제자들에게 주시매 제자들이 무리에게 주니 다 배불리 먹고 남은 조각을 열두 바구니에 차게 거두었으며.

4) 하나님의 영혼 구원을 향한 비전을 봅니다

마음이 순수한 사람은 하나님의 마음과 뜻을 압니다. 하나님은 모든 사람이 구원에 이르기를 원하십니다.

디모데전서 2:4 하나님은 모든 사람이 구원을 받으며 진리를 아는 데에 이르기를 원하시느니라.

따라서 하나님의 얼굴을 구하며 하나님의 마음을 닮은 사람은 영혼을 구원하는 일에 앞장섭니다. 사도 바울은 사도행전 16:9 "밤에 환상이 바울에게 보이니 마게도냐 사람 하나가 서서 그에게 청하여 이르되 마게도냐로 건너와서 우리를 도우라 하거늘"의 말씀대로 하나님의 구원 계획을 알고는 그 비전을 따라 마게도냐로 건너가서 복음을 전했습니다. 이러한 비전은 마게도냐 곳곳에 교회가 세워지고 구원받는 사람들이 날마다 더하는 놀라운 복음의 능력이 나타났습니다.

5) 하나님의 영광을 봅니다

순수한 마음은 어떤 상황에서도 오직 하나님의 영광을 생각합니다. 자신의 이름이 드러날 때에도 오직 하나님께 영광을 돌립니다. 심지어 고난의 현장에서도 고난 뒤에 나타날 하나님의 영광을 바라보고 즐거워합니다.

로마서 8:18 생각하건대 현재의 고난은 장차 우리에게 나타날 영광과 비교할 수 없도다.

하나님은 이런 순수한 마음을 기뻐하시고 순수한 마음을 가진 인생에 아름답고 멋진 그림을 그려나갑니다.

이렇게 마음이 청결하여 하나님의 구원과 사랑과 임재와 비전을 보는 사람은 하나님께 매사에 감사하는 삶을 삽니다. 이 감사가 마음이 청결한 증거입니다.

제 10 장

일곱 번째 계단: 피스메이커되기
하나님의 자녀는 화평을 추구합니다

마태복음 5:9 화평하게 하는 자는 복이 있나니 그들이 하나님의 아들이라 일컬음을 받을 것임이요.

천국백성들이 세상에서 어떤 사람으로 불리며, 어떤 사람으로 비춰지고 있는지는 대단히 중요한 일입니다. 세상 사람들이 예수님을 믿는 사람들을 어떤 관점에서 보느냐는 것입니다. 만약 사람들로부터 하나님의 자녀로서 살아간다고 인정을 받는다면 그 사람은 천국백성으로서 정상적으로 살아가는 복된 사람입니다.

그럼 하나님의 자녀와 화평의 의미 등을 살펴보겠습니다.

1. 하나님의 자녀됨

하나님의 자녀됨은 다음과 같이 알 수 있습니다.

1) 영적 출생

이는 예수님을 영접하고 그 이름을 믿음으로 하나님의 자녀가 됩니다.

요한복음 1:12 영접하는 자 곧 그 이름을 믿는 자들에게는 하나님의 자녀가 되는 권세를 주셨으니.

2) 성령의 증거

우리가 신앙생활을 하면 성령의 인도함을 받아 살게 되는 데 이 성령께서 하나님의 자녀 됨을 증거하는 것입니다.

로마서 8:14-15 하나님의 영으로 인도함을 받는 사람은 곧 하나님의 아들이라 양자의 영을 받았으므로 우리가 아빠 아버지라고 부르짖느니라.

3) 하나님의 자녀됨은 하나님과의 관계의 지속

하나님의 자녀는 하나님과의 관계를 지속적으로 유지합니다. 그 관계 유지의 기본적인 것은 두 가지입니다. 첫째는 예배자로서의 관계입니다.

이같이 한즉 너희들이 바로 하나님의 아들, 즉 자녀가 된다는 것입니다. 이같이 하는 것이 무엇입니까? 일반적인 사랑의 개념과 달리 예수께서는 이것을 뒤집으셨습니다. 원수를 사랑하고 그리고 너희들에게 어려움을 주는 사람이나 박해, 핍박하는 사람들을 위해서도 기도해 주는 사랑이 있을 때 하나님의 자녀로써 인정을 받을 수 있습니다. 하나님의 사람으로 살아가는 일은 힘든지를 보여줍니다. 참 어려운 요구입니다. 원수까지도 사랑하라는 말씀은 우리를 힘들게 합니다. 원수를 사랑하는 것은 너무도 어려운 일이기 때문입니다. 그럼에도 불구하고 예수님의 말씀에 순종하여 주님의 마음으로 사랑하는 사람이 하나님의 자녀임을 드러내는 것입니다.

5) 하나님의 자녀됨은 사회적 측면에서도 알 수 있음

이 말은 "화평하게 하는 자가 복이 있다"고 했는데, 화평은 사회성을 가지고 있기 때문입니다. "화평하게 하는 자는 복이 있나니 그들이 하나님의 아들이라 일컬음을 받을 것임이요"라는 말씀처럼 화평을 적극적으로 이루어가는 사람이 하나님의 아들 됨의 자격이 있다는 것입니다.

2. 화평의 의미

성경에는 '화평'이란 단어가 대략 400여 회 사용되었습니다. 이는 성경

요한복음 4:23 아버지께 참으로 예배하는 자들은 영과 진리로 예배할 때가 오나니 곧 이때라 아버지께서는 자기에게 이렇게 예배하는 자들을 찾으시느니라.

하나님께 예배하는 자들이 하나님의 자녀들입니다. 둘째는 기도자로서의 관계입니다.

마태복음 7:10 하늘에 계신 너희 아버지께서 구하는 자에게 좋은 것으로 주시지 않겠느냐.

하나님 앞에 기도를 함으로 하나님과 나는 아버지와 자녀라는 것을 알려주는 것입니다.

4) 하나님의 자녀 됨은 윤리적 측면에서 알 수 있음

하나님의 자녀들은 높은 영적, 도덕적 수준이 요구됩니다. 이 기준은 사랑에 있습니다.

마태복음 5:43-45 또 네 이웃을 사랑하고 네 원수를 미워하라 하였다는 것을 너희가 들었으나 나는 너희에게 이르노니 너희 원수를 사랑하며 너희를 박해하는 자를 위하여 기도하라 이같이 한즉 하늘에 계신 너희 아버지의 아들이 되리니 이는 하나님이 그 해를 악인과 선인에게 비추시며 비를 의로운 자와 불의한 자에게 내려주심이라.

의 전체 흐름을 주도하는 단어라고 볼 수 있습니다. 이 단어의 어원적 의미는 이렇습니다.

1) 히브리어 '샬롬'

이 단어는 '하나님의 선하신 인도가 있기를', '하나님의 의가 당신의 삶에 나타나기를'이란 의미를 가지고 있습니다. 이 단어는 하나님의 이름과 합성되어 사사기 6:24에서 "여호와 샬롬", 즉 '하나님은 화평이시라'고 불렀습니다. 샬롬, 즉 참된 평화는 하나님으로부터 옵니다. 사람들은 평화를 물리적으로 이루려합니다. 그러나 물리적 화평은 오래가지 못합니다. 서로 대립된 국가 간에도 어떤 이익관계가 형성되면 평화조약을 맺지만 이익관계가 무너지면 쉽게 파기됩니다. 따라서 진정한 화평은 사람의 의지나 물리적으로 되는 것이 아니라 하나님으로부터 오는 것입니다.

2) 헬라어 '에이레네'

이 단어는 안정된 상태를 말합니다. 내적, 외적으로 안정되어 평화로운 상태입니다. 내적으로 안정되지 못한 상태는 예수님이 십자가에서 죽으시고 부활하신 후에 제자들 사이에서 볼 수 있습니다. 부활하신 예수님이 저녁 때에 제자들을 찾아가셨습니다. 이때 제자들은 예수님을 십자가에서 죽인 유대인들을 두려워하였습니다. 그래서 그들은 모여 있는 곳의 문을 꼭 닫았습니다. 제자들의 내면은 불안과 두려움으로 가득 찼습니다.

그들에게는 평화가 없었습니다. 부활하신 예수님이 제자들을 찾아오셔서 하신 첫 번째 말씀이 "평강이 있을지어다"였습니다. 예수님은 두려움 속에 마음의 문과 집의 문을 꼭 잠근 제자들에게 오셔서 평안을 주셨습니다. 이처럼 마음에 두려움과 불안이 없이 안정된 상태, 흔들림이 없는 상태를 평화, 화평이라고 합니다.

3. 화평의 중요성

그러면 화평이 왜 중요한지를 생각해 보겠습니다. 화평하지 않고 분열되어 싸우면 많은 것이 희생되기 때문입니다. 불화는 많은 것을 잃게 합니다. 가장 대표적인 것이 아담이 타락하여 하나님과 불화함으로 생명, 복, 평안 등 모든 것을 잃었습니다. 하나님과 불화한 인간은 죄인이 되어 하나님의 진노 아래에 놓이게 되었습니다. 하나님의 복을 저주로 바꾸어 버렸습니다. 역사상 가장 큰 불행입니다.

가정도 불화하면 가족들이 고통을 겪습니다. 불화하면 가정이 천국이 아니라 지옥이 됩니다. 따라서 자녀들이 집에 들어오기보다는 바깥을 배회합니다. 청소년들이 탈선하는 이유가 되는 것입니다. 불화는 서로를 불행하게 만듭니다.

인간관계에서도 불화하면 좋은 사람, 친구, 이웃, 물질 등을 잃어버립니다. 그래서 불행해집니다.

특히 민족 간의 불화, 국가 간의 불화는 엄청난 희생을 초래합니다. 불화로 인해 전쟁이 일어나면 생명, 재산, 신체, 가족, 사회간접자본 등 많은 것을 잃습니다. 이를 잘 설명한 사람이 빌 에모트(Bill Emmott)입니다. 그의 저서인 『20/21비전』에서 20세기에 일어난 전쟁과 직간접적으로 관련되어 죽은 사람들은 1억 7,280만 명이라는 통계를 제시했는데, 다음과 같습니다.[27]

캄보디아 폴 포트의 크메르 정권: 4년만에 인구 전체의 30%를 학살.

베트남 남부와 북부의 갈등: 백만 명 이상 사망.

인도네시아의 공산주의 폭동 진압: 60만 명 이상 학살.

르완다: 1990년대에 인종청소를 자행.

북한: 정부의 탄압으로 인해 수많은 사람들의 사상적 죽음.

인도네시아와 동티모르의 분쟁: 동티모르인들이 두 달만에 6만 명이 살해.

파키스탄과 인도의 영토 분쟁: 두 국가의 접경 지역인 카슈미르 지역의 분쟁으로 인해 수백만 명 사망.

유고슬라비아: 알바니아계 코소보인들을 인종청소하기 위해 학살을 자행하여 한 해에 2천 명이 살해되었고 수십만 명이 알바니아와 마케도니아로 추방되거나 피신.

터키: 수년 동안 쿠르드족에 대한 탄압을 가함으로 특수암살부대에 의해 수만 명이 살해되고 백만 명 이상이 산악지역으로 피신.

그밖에 이스라엘과 팔레스틴의 분쟁, 이라크전쟁, 이슬람교의 시아파

---

27) 빌 에모트, 『20:21 비전』, 형선호 역 (서울: 더난출판, 2003), 20-23.

와 수니파 사이의 분쟁, 아프리카 국가들의 내전, 중남미 아메리카의 내전 등에서 볼 때 인류 역사는 편안할 날이 없었음을 입증하고 있습니다. 이러한 분쟁과 전쟁으로 인해 엄청난 인명과 재산, 문화재 등이 피해를 입었습니다.

이렇게 사람들은 자기의 부와 권세를 얻고 더러운 야망과 욕심을 채우기 위해 다른 사람의 생명을 앗아가고 있습니다. 이러한 인간의 거짓된 욕망은 스스로 심판하여 파멸에 이르고 하나님의 심판을 받습니다. 안타까운 것은 이와 같은 전쟁, 분쟁, 내전, 테러들이 갈수록 더해진다는 점에 영적 경각심을 가져야 합니다.

공동체 생활이나 사회생활을 할 때 어떤 사람은 공동체의 화합을 잘 이루어가고, 어떤 사람은 공동체를 혼란스럽게 하기도 합니다. 즉 Peace Maker와 Trouble Maker가 있습니다.

Trouble Maker의 존재는 교회 내에도 예외가 아닙니다. 고린도교회의 경우 어떤 사람들은 당을 짓고 분쟁, 수군거림, 비방, 교만 등으로 말썽을 일으켰습니다. 이런 사람들의 영향력이 커지면서 항상 문제가 발생했습니다. 공동체를 혼란스럽게 하고 심지어 싸움과 분열이 일어나기도 합니다.

Peace Maker는 모든 사람과 더불어 항상 화평을 이루어갑니다. 이 화평은 강압에 의한 것이 아니라 겸손함과 자유함 속에서 이루어집니다. 무엇보다도 사랑하기 때문에 화평이 이루어집니다. 이처럼 진정한 화평은 내면과 외면에서 동시에 이루어집니다.

예수님은 천국백성들에게 Peace Maker가 될 것을 요구하십니다. 이 요구는 적극적으로 화평을 이루어 가는 사람이 되라는 것입니다.

4. 화평의 두 가지 측면

1) 수직적 화평

수직적 화평은 하나님과 인간관계에서의 화평입니다. 우리의 화평을 깨는 것은 원죄에 있습니다. 하나님은 아담을 사랑하셨습니다. 그러나 아담은 하나님께 불순종함으로 관계를 깨뜨렸습니다. 이로 인해서 인간은 하나님과의 관계가 깨진 것입니다. 인간의 진정한 행복은 하나님과의 바른 관계에 있습니다. 첫 번째부터 지금 일곱 번째까지 한 번도 빠지지 않고 강조하는 것이 하나님과의 관계입니다. 사람이 불행하게 된 근본 원인은 하나님과의 관계를 스스로 깨뜨린 데 있습니다.

그러면 하나님과 인간 사이의 화평을 방해하는 요소들은 무엇입니까? 죄, 고집, 회개하지 않음, 불신, 불의, 불순종, 속임 등입니다. 이러한 요소들은 하나님과의 관계를 방해하여 인간으로 하여금 불행하게 만듭니다.

하나님과 화평하게 되는 유일한 길은 하나님과 화목하는 데 있습니다.

욥기 22:21 너는 하나님과 화목하고 평안하라 그리하면 복이 네게 임하리라.

사람이 하나님과 화평한 관계를 유지하면 잃어버렸던 하나님의 구원과 복을 회복합니다. 이 관계회복은 인간의 현재와 죽음 이후를 결정짓는 가장 중요한 것입니다. 인간이 하나님과 화평하려면 예수 그리스도를 영접해야 합니다. 예수님은 우리를 하나님과 화목케 하시려고 십자가에서 피를 흘리시고 고난을 당하시고 죽으셨습니다. 예수님은 하나님과 인간을 연결하는 다리 역할을 하셨습니다. 예수님이 이 땅에 오신 가장 근본적인 목적은 인간을 하나님과 화목케 하는 것이었습니다.

에베소서 2:13-18 이제는 전에 멀리 있던 너희가 그리스도 예수 안에서 그리스도의 피로 가까워졌느니라 그는 우리의 화평이신지라 둘로 하나를 만드사 원수된 것 곧 중간에 막힌 담을 자기 육체로 허시고 법조문으로 된 계명의 율법을 폐하셨으니 이는 이 둘로 자기 안에서 한 새사람을 지어 화평하게 하시고 또 십자가로 이 둘을 한 몸으로 하나님과 화목하게 하려 하심이라 원수 된 것을 십자가로 소멸하시고 또 오셔서 먼 데 있는 너희에게 평안을 전하시고 가까운 데 있는 자들에게 평안을 전하셨으니 이는 그로 말미암아 우리 둘이 한 성령 안에서 아버지께 나아감을 얻게 하려 하심이라.

죄인된 인간, 타락한 인간이 하나님께로 나아갈 때 하나님과 화목을 이루는데, 이 길은 오직 하나님의 아들이신 예수 그리스도 뿐이십니다.

이사야 9:6 이는 한 아기가 우리에게 났고 한 아들을 우리에게 주신 바 되었는데 그의 어깨에는 정사를 메었고 그의 이름은 기묘자라 모사라 전능하신 하나님이라 영존하시는 아버지라 평강의 왕이라 할 것임이라.

로마서 5:1 그러므로 우리가 믿음으로 의롭다 하심을 받았으니 우리 주 예수 그리스도로 말미암아 하나님과 화평을 누리자.

오직 예수 그리스도 안에서 화평이 이루어집니다.

인간은 누구나 자기 경계를 만들어 놓고 삽니다. 이것은 자신이 만들어 놓은 것도 있지만 역사적 상황이 그렇게 만들어 가기도 합니다. 그리고 지금까지 내려온 역사와 전통의 흐름에서 편견을 가질 수도 있습니다. 이러한 경계는 서로 간에 불신과 냉대, 조소 등으로 변하면서 갈등의 골이 깊어지므로 화평이 깨집니다. 예수님은 이러한 역사적으로 만들어진 경계가지도 허무셨습니다.

요한복음 4장에는 예수께서 사마리아를 지나 갈릴리로 가실 때 수가성에서 한 여인과 대화를 하시는 장면이 나옵니다. 4:27에서 예수님의 제자들이 먹을 것을 구하러 갔다가 돌아왔을 때 예수님이 여인과 대화를 하는 것을 보고 이상하게 여겼습니다. 그 이유는 역사적으로 볼 때 북이스라엘이 앗수르에 의해 주전 722년에 망할 때 앗수르의 혼합정책으로 인해 사마리아 지역의 사람들이 혼혈되었습니다. 이 역사적인 사건 이후 유대인은 사마리아인을 경멸했습니다. 이방인의 피가 섞였기 때문이었습니다. 이 역사적 사건은 민족을 둘로 나누었습니다. 그리고 이들은 상종치 않았습니다. 심지어 유대인과 사마리아인은 같은 그릇을 사용해서도 안 되었습니다.

이러한 역사적 상황 속에 사마리아인들은 영적 갈증을 느끼게 되었습니다. 이 영적 갈증은 예레미야 2:13 "내 백성이 두 가지 악을 행하였나니 곧 그들이 생수의 근원되는 나를 버린 것과 스스로 웅덩이를 판 것인데 그것을 그 물을 가두지 못할 터진 웅덩이들이니라"의 말씀처럼 생수가 영혼에 채워지지 않았기 때문이었습니다. 하나님은 생수의 근원이십니다. 그런데 이스라엘 백성들이 생수의 근원이신 하나님을 떠남으로 영적 갈증을 해소하지 못했습니다. 이로 인해 영적으로 보이지 않는 고통을 겪어야만 했습니다. 그래서 사마리아 사람들은 예루살렘에서 예배를 드리기를 사모했지만 정치와 종교적 상황이 이를 허락하지 않았습니다. 수가성의 우물가에서 예수님을 만나 사마리아 여인은 영적 갈증 상태에 있었습니다. 이 여인은 예수께서 생수를 네게 주었으리라는 말씀에 깊은 관심을 가지고 자신에게 그 생수를 주기를 원했습니다. 그리고 자신의 도덕적 결함에 대해 양심의 가책을 느끼고 있었습니다. 당시 이 여인은 다섯 남편이 있었고 지금은 또 다른 남자의 첩으로 살아가고 있었습니다. 특히 이 여인은 예루살렘 성전에서 드리는 예배를 사모했습니다. 이뿐 아니라 메시아 대망 사상을 가지고 있었습니다. 메시아가 오시면 이 모든 것을 해결 받을 수 있으리라 믿고 있었습니다. 이 여인의 기대는 생각보다 빨리 이루어졌습니다. 생수를 주시는 예수님을 만난 것입니다. 요한복음 4:25-26에서 예수님은 자신을 계시하셨습니다.

> 여자가 이르되 메시아 곧 그리스도라 하는 이가 오실 줄을 내가 아노니 그가 오시면 모든 것을 우리에게 알려 주시리이다 예수께서 이르시되 네게 말하는 내가 그라 하시니라.

이 여인은 물동이를 버려두고 동네로 들어갔습니다. 우물에 물을 길으러 왔던 이 여인은 생수의 근원이신 예수님을 만남으로 자신이 가지고 있던 영적 갈증을 단번에 해소시키게 되었습니다. 이 여인은 예수님을 동네 사람들에게 전하였습니다. 동네 사람들은 예수님이 그곳에 머물기를 청했고 예수님과 제자들은 이틀을 그곳에서 지내시면서 역사적 갈등의 경계, 지역적 갈등의 경계, 인종적 갈등의 경계를 허무셨습니다.

이사야 55:1-3 오호라 너희 모든 목마른 자들아 물로 나아오라 돈 없는 자도 오라 너희는 와서 사먹되 돈 없이 값없이 와서 포도주와 젖을 사라 너희가 어찌하여 양식이 아닌 것을 위하여 은을 달아 주며 배부르게 하지 못할 것을 위하여 수고하느냐 내게 듣고 들을지어다 그리하면 너희가 좋은 것을 먹을 것이며 너희 자신들이 기름진 것으로 즐거움을 얻으리라 너희는 귀를 기울이고 내게로 나아와 들으라 그리하면 너희의 영혼이 살리라 내가 너희를 위하여 영원한 언약을 맺으리니 곧 다윗에게 허락한 확실한 은혜이니라.

이처럼 하나님과의 수직적 화평을 이루는 길은 오직 평화의 왕이신 예수님을 통해 이루어집니다.

2) 수평적 화평

수평적 화평은 그리스도인이 다른 사람들과 평화로운 상태를 유지하는 것을 말합니다. 하나님은 그리스도인들이 다른 사람들과 화평하기를 원하신다는 것을 다음의 성경구절에서 볼 수 있습니다.

로마서 12:18 할 수 있거든 너희로서는 모든 사람과 더불어 화목하라.

로마서 14:17-19 하나님의 나라는 먹는 것과 마시는 것이 아니요 오직 성령 안에서 의와 평강과 희락이라 이로써 그리스도를 섬기는 자는 하나님을 기쁘시게 하며 사람에게는 칭찬을 받느니라 그러므로 우리가 화평의 일과 서로 덕을 세우는 일을 힘쓰나니.

그런데 놀랍게도 화평은 항상 의와 거룩과 연결되어 있습니다. 즉 화평은 거룩한 상태에서 이루어져 가야 진정한 화평이라는 것입니다. 수평적 화평을 방해하는 요소들이 있는데, 이것들은 거짓, 부정, 폭력, 교만, 불신, 자기중심적 사고 및 행동, 게으름, 비난, 욕심 등입니다. 거룩은 이러한 방해 요소들을 제거하여 천국백성으로서 늘 수평적 화평을 이루어 갑니다.

화평과 거룩의 관계는 다음의 성경구절에서 볼 수 있습니다.

히브리서 12:14 모든 사람으로 더불어 화평함과 거룩함을 쫓으라 이것이 없이는 아무도 주를 보지 못하리라.

야고보서 3:17 오직 위로부터 난 지혜는 첫째 성결하고 다음에 화평하고 관용하고 양순하며 긍휼과 선한 열매가 가득하고 편견과 거짓이 없나니.

팔복에서도 마음이 청결한 자가 복이 있다는 말씀 다음에 화평하게 하는 자가 나옵니다. 이는 참된 화평이 순수하고 깨끗한 영적 상태인 거룩에서 비롯된다는 것입니다. 즉 하나님의 거룩한 성품에 참예한 자들은 화평을 적극적으로 실천하며 살아갑니다. 따라서 화평은 천국백성의 삶의 중요한 윤리입니다. 거듭난 자의 마땅한 도리이다.

화평은 순수하고 깨끗한 마음을 가진 천국백성의 열매입니다. 그리고 성령의 인도함을 받는 사람이 맺는 열매 중 하나가 화평입니다.

갈라디아서 5:22-23 오직 성령의 열매는 사랑과 희락과 화평과 오래 참음과 자비와 양선과 충성과 온유와 절제니 이 같은 것을 금지할 법이 없느니라.

이처럼 화평은 하나님의 자녀 됨의 증거요, 성령의 열매입니다. 이로 인해 우리는 하나님의 자녀로서의 특권을 누리며 안정된 삶을 살아갑니다. 화평을 도모하기 위해 인내, 양보, 희생을 감수합니다. 그러므로 하나님 안에서 평화로운 삶을 유지합니다.

이렇게 화평하게 하는 사람이 복있는 사람으로 하나님의 아들이라 일컬음을 받습니다.

'아들'이란 헬라어로 '휘오스'입니다. 이 단어의 의미는 존귀하고 영예로운 신분입니다. 화평케 하는 사람이 하나님의 아들이라 일컬음을 받는다는 것은 하나님의 존귀하고 영예로운 신분을 얻은 자녀가 된다는 것입니다. 하나님의 아들이신 예수님도 십자가에서 죽으심으로 하나님과 인간을 화목하게 하셨습니다. 그리고 예수님을 영접한 사람은 하나님의 자녀가 되는 권세를 얻어 하나님의 양자가 되었습니다.

이 신분은 이제 하나님이 베푸시는 구원뿐 아니라 하나님의 돌보심과 인도함 속에 이뿐 아니라 영원히 승리자로 살아가게 되는 권세를 얻게 되었다는 것입니다. 이 얼마나 엄청난 은혜의 사건입니까!

하나님은 천국백성으로서 화평을 이루어가는 사람을 자녀로 삼으십니다. 그리고 하나님은 자녀된 천국백성을 품에 안으시고 보호해 주십니다. 때로는 자녀가 잘못해도 용서해 주고 용기를 주듯이 우리가 실수하고 잘못할 때가 있어도 하나님은 결코 우리를 버리지 않으십니다. 하나님의 자녀는 아버지 하나님의 사랑을 먹고사는 사람들입니다. 그래서 늘 수직적으로 하나님과 화평하고 수평적으로 사람과 화평하는 것은 하나님의 자녀로서의 권세를 누릴 자격을 충분히 얻게 됩니다.

그러므로 천국백성은 다음의 화평을 도모하는 것이 마땅합니다.

(1) 자기 자신과의 화평

죄와 불신은 자신을 괴롭힙니다. 건강으로 인해 불안하고 주변 환경으로 인해 불안하고 사람들로 인해 불안하고 돈 때문에 불안하고 사업 때문에 불안하기도 합니다. 이러한 가운데 하나님의 능력을 불신하면 내적 평화가 사라지고 두려움과 근심과 불안은 더해집니다. 따라서 먼저 영혼의 화평이 이루어져야 할 것이다. 어떠한 상황에서도 하나님을 바라보고 전적으로 신뢰할 때 자신의 내면의 화평을 이룸으로 복있는 사람이 됩니다.

시편 62:1-2 나의 영혼이 잠잠히 하나님만 바람이여 나의 구원이 그에게서 나오는도다 오직 그만이 나의 반석이시요 나의 구원이시요 나의 요새이시니 내가 크게 흔들리지 아니하리로다.

(2) 가정의 화평

가정의 화평은 인간 행복의 중요한 열쇠입니다. 가정의 화평은 가족 구성원의 안정을 가져옵니다. 성경에서도 가정의 화평을 중요하게 다루고 있습니다.

잠언 17:1 마른 떡 한 조각만 있고도 화목하는 것이 제육이 집에 가득하고도 다투는 것보다 나으니라.

(3) 교회의 화평

교회는 예수 그리스도의 몸이요, 성도는 그리스도의 몸의 지체들입니다. 따라서 성도들은 예수 그리스도 안에서 서로 화목하는 것이 마땅합니다. 성도 간에 불화하고 다투면 은혜를 받는 데 엄청난 장애물이 되고 하나님의 영광을 가리게 됩니다. 천국백성은 교회를 중심으로 사는 사람들이기에 교회가 불화하면 삶 자체가 불안합니다. 반면 교회가 평화로우면 삶 자체가 기쁘고 활력이 넘치고 행복합니다. 교회생활이 행복하면 가정생활, 사회생활, 직장생활도 즐겁습니다. 이처럼 교회의 화평은 삶 전체에 활력소가 되며 즐거움을 더해줍니다.

(4) 국가와 민족 간의 화평

분쟁과 전쟁은 인간의 삶을 황폐하게 만들고 불행의 나락으로 떨어뜨립니다. 천국백성은 인류에 전쟁이 그치고 평화가 이루어지도록 기도해야 합니다. 국가와 국가, 민족과 민족 간의 화평은 서로를 행복하게 합니다.

천국백성, 즉 복있는 사람은 자기 비움의 영적 가난, 슬피 애통함, 하나님의 사람으로 길들여지는 온유, 의를 간절히 사모하는 영적 몸부림 등 내면의 변화가 일어납니다. 그리고 다른 사람에게 긍휼이 담긴 마음과 물질 등으로 적극적으로 베풀고 마음이 청결함, 즉 순수한 마음을 갖습니다. 그리고 이 순수한 마음은 화평을 이루어갑니다. 거룩과 함께 가는 화평은 하나님의 자녀로서의 권세를 누리며 살기에 충분합니다. 따라서 천국백성은 화평을 이루어가는 사람 Peace Maker로서 살아갑니다. 이러한 사람이 복있는 사람입니다.

제 11 장

여덟 번째 계단: 승자되기

의로운 승자는 행복합니다

마태복음 5:10-12 의를 위하여 박해를 받은 자는 복이 있나니 천국이 그들의 것임이라 나로 말미암아 너희를 욕하고 박해하고 거짓으로 너희를 거슬러 모든 악한 말을 할 때에는 너희에게 복이 있나니 기뻐하고 즐거워하라 하늘에서 너희의 상이 큼이라 너희 전에 있던 선지자들도 이같이 박해하였느니라.

예수님이 말씀하신 복있는 사람의 모습은 세상의 기준을 뒤엎는 기준입니다. 즉 세상의 방식과는 거꾸로 사는 사람이 복있는 사람이라고 하십니다. '심령이 가난한 사람', '애통하는 사람', '온유한 사람', '의에 주리고 목마른 사람', '긍휼히 여기는 사람', '마음이 청결한 사람', '화평하게 하는 사람'입니다. 이러한 사람을 천국백성이라고 예수님은 인정하십니다.

예수님은 마지막 단계로서 하나님 나라의 백성으로서의 높은 수준의 믿음을 요구하십니다. 너희가 과연 나를 위해 어려움을 당해도 기뻐할 것인가! 나로 인해 어떤 상황에서도 기뻐할 것인가! 나로 인해 불이익을 당해도 기뻐할 것인가! 나를 위해 욕을 먹어도 기뻐할 것인가! 이러한 믿음을 가진 사람이 의로운 승리자가 된다는 것입니다. 그래서 의를 위하여 박해를 받아도 행복합니다.

1. 믿음의 세 종류

이 점을 설명하기 위해 신앙을 세 가지로 분류합니다.

1) 조건적 믿음

이는 조건이 충족되면 믿겠다는 것입니다. 그래서 '만약'(if)이라는 말을 잘 사용합니다. 가령 '만약 하나님을 본다면 믿겠다, 기적을 보면 믿겠다'는 등의 조건을 내걸어 그 조건이 충족되면 수용하겠다는 것입니다. 이 단계는 의심이 있는 상태에서 의심이 해결되면 믿겠다는 것입니다. 이 믿음은 일반적으로 하나님을 시험하는 것입니다.

물론 하나님의 영광을 위한 거룩한 소원을 가지고 '만약 하나님께서 저를 사용하여 주신다면 하나님을 위해 살겠습니다'라는 믿음의 기도와 소원이 있을 수 있습니다. 그러나 하나님의 존재를 의심하고 하나님의 능력을 시험하기 위한 것이라면 이는 하나님의 마음을 아프게 하는 일입니다. 천지의 대주재가 되시는 하나님은 우리의 시험의 대상이 아닙니다.

2) 종속적 믿음

이는 '때문에'(because) 믿는다는 것입니다. 가령 '당신이 나를 사랑하기 때문에 나도 당신을 사랑합니다', '상대가 먼저 말을 건넸기 때문에 나도 말합니다'라고 어떤 결과가 자신에게 먼저 주어졌기 때문에 믿는 것입니다. 이것은 자발적인 행위가 아니라 다른 사람이 먼저 나에게 이렇게 했기 때문에 나도 그렇게 한다는 종속성을 가지고 있습니다. 이는 관계가 좋을 때는 문제가 없습니다. 그런데 관계가 좋지 않을 때는 커다란 문제를 가져옵니다. 부정적인 면에서 '당신이 나를 미워하기 때문에 나도 미워한다'는 식의 삶을 살아가게 됩니다.

신앙적인 측면에서 볼 때, 하나님이 나에게 어떤 결과를 주셨기 때문에 믿는다는 것입니다. 가령 '내게 복을 주셨기 때문에 믿겠다는 식의 믿음은 그것이 사라지면 하나님을 믿지 않겠다는 것을 암시하고 있습니다. 이러한 믿음은 하나님과의 관계를 '주고받음' 속에서 유지하려는 것입니다. 하나님이 주시면 믿고 아니면 안 믿겠다는 식입니다.

3) 초월적 믿음

이는 '그럼에도 불구하고'(nevertheless) 믿는 것입니다. 이는 믿음이 환경이나 조건, 상황에 따라 변하지 않습니다. 하나님이 보이지 않으심에도 불구하고 믿습니다. 어려움 중에 있음에도 불구하고 하나님의 사랑을 의심하지 않습니다. 믿음을 지키기 위해 생명의 위협을 당함에도 불구하고 비굴해지지 않습니다. 상대방이 나를 사랑하지 않음에도 불구하고 사랑합니다. 이는 하나님께서 우리에게 어떠한 환경을 주시고 어떤 상황에 이르게 하든 하나님의 존재와 능력을 의심하지 않는 것이다.

이러한 초월적 믿음은 하나님의 사랑과 구원과 인도, 보호와 영생에 대한 확신이 있을 때 가능합니다. 이러한 믿음을 보여주는 대표적인 사례가 다니엘 3장에 나오는 사드락, 메삭, 아벳느고의 신앙입니다.

하나님은 우상 숭배 등 죄로 얼룩진 가운데 하나님께로 돌아오지 않는 유다를 징계하셨습니다. 하나님은 바벨론왕 느부갓네살로 하여금 유다를 치게 하셨습니다. 유다는 멸망했고 성전도 파손되며, 성전의 기물들은 전리품으로 가져다가 바벨론 신전의 창고에 두었습니다.

이런 역사적 상황은 바벨론으로 옮겨져 계속되는데, 다니엘은 이 포로 생활에서 함께 포로로 잡혀간 동료들에 관해 일어난 일을 기록했습니다. 다니엘은 신앙의 위기 상황에서 하나님을 향한 순결한 믿음을 지키는 자를 보호하시고 인도하시는 하나님의 거룩한 손길을 보게 합니다.

느부갓네살왕이 금으로 신상을 만들었습니다. 바벨론의 왕들은 스스로의 명예를 위해 신상을 세우는 관습이 있었습니다. 이러한 일들은 공산국가나 독재국가에서 일어납니다. 북한의 김일성이 동상을 만들어 자신을 과시하고 백성들로 하여금 자신을 숭배하라는 것과 마찬가지입니다. 이처럼 금 신상을 만들어 세운 목적은 자신을 과시하기 위한 것이요, 자신이 신과 같은 존재이니 자신을 섬기도 따르라는 데 있었습니다. 느부갓네살왕이 세운 신상은 높이가 대략 30m, 너비가 3m정도 되었습니다. 낙성식을 앞두고 왕은 중앙정부와 지방의 모든 관원들을 소집했습니다. 왕은 소집된 사람들에게 악기 소리를 듣거든 엎드려 금으로 만든 신상에게 절하라고 명을 내렸습니다. 그리고 또 다른 명이 있었는데, 엎드려 절하지 않는 사람은 풀무불에 던져 넣는다는 것입니다. 즉 금 신상에게 절하지 않는 사람은 불에 태워 죽이는 사형을 집행하겠다는 것입니다. 악기 소리에 맞추어 관원들이 엎드려 절했습니다.

   그때 어떤 사람이 왕에게 가서 절하지 많은 사람들을 참소했습니다. 절하지 않은 사람들은 왕 앞으로 끌려왔습니다. 이때 절하지 않은 사람들은 사드락, 메삭, 아벳느고였습니다. 이들의 본래 이름은 하나냐, 미사엘, 아사랴로 이들은 하나님이 범죄한 유다를 징계하여 멸망시키실 때 바벨론에 포로로 끌려간 젊은이들이었습니다. 이들은 왕족 혹은 귀족 출신으로 흠이 없고 용모가 아름다우며 모든 지혜가 통찰하며 지식에 통달하며 학문에 익숙하여 왕궁에 설 만한 소년들이었습니다. 왕은 이 세 소년들을 향해 노발대발하여 다시 한 번 기회를 줄 터이니 금 신상에게 절하라고 명을 내렸습니다. 왕의 명령이 떨어지자마자 이들의 대답은 이렇습니다.

다니엘 3:17-18 왕이여 우리가 섬기는 하나님이 계시다면 우리를 맹렬히 타는 풀무불 가운데에서 능히 건져내시겠고 왕의 손에서도 건져내시리이다. 그렇게 하지 아니하실지라도 왕이여 우리가 왕의 신들을 섬기지도 아니하고 왕이 세우신 금 신상에게 절하지도 아니할 줄을 아옵소서.

사드락, 메삭, 아벳느고의 말은 이렇습니다.

우리는 하나님을 믿고 섬기는 사람들이기에 금 신상에게 절하지 않겠습니다.
우리가 불 속에 던져져도 하나님이 우리를 구원하실 것입니다.
설령 하나님이 우리를 건져내지 않으셔도 우리는 왕이 섬기는 신들을 섬기지 않고 왕이 세운 금 신상에도 절하지 않겠습니다.

사드락, 메삭, 아벳느고의 본래 이름은 하나냐, 미사엘, 아사랴였습니다. 이들의 이름이 바벨론 이름으로 바뀌었고 자신들이 포로로 끌려와서 왕의 정책에 따라 관원이 되었지만 이들에게서 변하지 않은 것은 하나님을 전적으로 믿는 신앙이었습니다.

이들이 왕의 명령을 거역하자 왕의 분은 머리끝까지 치밀었습니다. 자신의 명에 거역한 것은 자신의 신과 통치를 거역하는 것과 같은 것이기에 크게 화가 났습니다. 그래서 풀무불을 평소보다 일곱 배나 더 뜨겁게 하라고 했습니다. 얼마나 뜨거웠던지 사드락, 메삭, 아벳느고를 붙들고 가던 사람들이 불에 타서 죽었습니다. 그리고 사드락, 메삭, 아벳느고는 불 속에 던져졌습니다.

그런데 불 속에서 놀라운 광경이 펼쳐졌습니다. 분명히 세 사람을 던졌는데 그 속에 네 사람이 있는 것이었습니다. 왕이 이 광경을 보았습니다.

25절 "왕이 또 말하여 이르되 내가 보니 결박되지 아니한 네 사람이 불 가운데로 다니는데 상하지도 아니하였고 그 넷째의 모양은 신들의 아들과 같도다." '신들의 아들'은 제2위이신 성자 예수님을 말합니다. 하나님을 향한 믿음을 생명보다 더 귀히 여긴 젊은이들에게 성자 예수님이 함께하고 계셨습니다.

사드락, 메삭, 아벳느고의 신앙은 아주 고집스럽고 이해하기 어렵습니다. 그러나 이들은 하나님을 배반하여 우상 숭배하는 것과 타협하기를 원하지 않았습니다. 이들은 신앙에 있어서 고집통이었습니다. 그러나 이 신앙은 얼마나 하나님을 사랑하고 하나님 중심이었는지를 보여줍니다. 이들은 환경이나 상황에 따라 믿음이 변하지 않았습니다. 환경이나 악조건 심지어 죽음까지도 초월하는 믿음을 가졌습니다.

진정한 믿음은 자신의 생명이 위협을 당하는 상황에서도 하나님을 신뢰하는 데 있습니다. 최고의 믿음은 환경이나 상황을 초월하여 예수님을 믿고 따라갑니다.

2. 고난당하는 이유

사람이 고난을 당하는 이유에 대해 베드로전서 2:19-20 "부당하게 고난을 받아도 하나님을 생각함으로 슬픔을 참으면 이는 아름다우나 죄가 있어 매를 맞고 참으면 무슨 칭찬이 있으리요. 그러나 선을 행함으로 고난을 받고 참으면 이는 하나님 앞에 아름다우니라"에서 세 가지로 볼 수 있습니다.

1) 부당하게 받는 고난

이는 자신의 의지와는 상관없이 다른 사람에 의해 어려움을 당하는 것입니다. 어느 형제가 오토바이를 타고 가다가 신호등에서 대기하고 있었습니다. 그런데 갑자기 뒤에서 차가 들이받았습니다. 알고 보니 음주운전자였습니다. 이런 경우 그 형제는 잘못한 것이 아무것도 없습니다. 그냥 오토바이에서 신호를 대기하고 있었을 뿐입니다. 이처럼 자신이 특별히 잘못한 것이 없는데 다른 사람의 부주의와 잘못으로 인해 어려움을 당하는 고난입니다. 이러한 고난이 있을 때 하나님을 생각하면서 슬픔을 참으라고 권면합니다. 그 이유는 우리도 남에게 부지 중에 어려움을 줄 수 있기 때문입니다.

2) 죄가 있어 매를 맞는 고난

이는 자신이 분명히 잘못한 일이 있어서 벌과 징계를 받는 차원에서의 고난입니다. 이러한 고난은 당연한 것입니다. 돈에 대해 정직하지 못하고 다른 사람에게 물질의 피해를 주었으면 물질의 징계가 따릅니다. 그래서 병이나 다른 일들로 인해 금전적 손해를 입습니다. 타인의 인격이나 가정에 피해를 주었으면 자신의 인격과 가정에 아픔이 있습니다. 다른 사람을 비난하면 자신에게 그 비난의 일들이 일어납니다. 스스로 믿음이 좋다는 어느 여자 분의 친구 딸이 결혼 전에 아이를 가졌습니다. 이 사실을 알고는 흉을 보았습니다. '가정교육을 어떻게 했기에 저 모양이냐'며 이 사람, 저 사람에게 소문을 내고 다녔습니다. 그런데 어느 날 그분이 풀이 죽어 있었습니다. 그 이유를 알고 보니 자기 딸이 똑같이 혼전 임신을 한 것입니다. 자신을 의롭다고 하는 사람이 남을 판단하는 잘못을 저지릅니다. 우리는 참 좋다고 하는 사람이 왜 고난을 당하는지 모릅니다. 그러나 하나님과 자신만이 아는 잘못된 인생사가 있을 수 있습니다. 따라서 이로 인해 고난을 겪습니다. 사람들은 이 고난의 원인을 밝히기를 꺼려합니다. 자신의 과거의 잘못이 드러나 망신을 당할 것이 두렵기 때문입니다. 이는 문제를 더 키우는 잘못된 선택입니다. 그리고 어떤 사람은 자신이 잘못 살아와서 징계를 받으면서도 하나님과 교회, 사람을 원망한다는 것입니다. 이처럼 죄로 인해 매를 맞는 고난은 하나님께 회개하여 자신의 잘못된 행위를 용서받고 삭개오와 같이 자신이 행한 그릇된 행위를 바로 잡는 것이 고난을 이기는 방법입니다.

3) 선을 행함으로 받는 고난

이는 의롭게 사는 사람이 받는 고난입니다. 이 고난은 차원이 다른 고난입니다. 이러한 고난에 대해 참으면 하나님 앞에서 아름답다고 했습니다. 죄 때문에 고난을 받으면 마땅히 참는 것이 당연하지만 부당한 고난 중에 하나님을 생각하며 참는 것과 의를 위하여 박해를 받는 고난은 하나님 앞에서 아름다운 것이다.

3. 의를 위한 박해

마태복음 5:10 의를 위하여 박해를 받은 자는 복이 있나니.

여기에서 의를 위하여 박해를 받는다는 것은 어떤 의미를 가지고 있는지 생각해 보고자 합니다.

의란 영적으로 하나님과의 바른 관계가 형성된 상태입니다. 바르게 사는 것, 즉 하나님의 말씀에 순종하는 순수한 삶의 자세입니다. 천국백성으로 살아가려면 하나님의 말씀에 순종합니다. 그런데 이 순종의 삶에는 외적 압력이 따르기도 합니다. 이럴 때에도 믿음이 흔들리지 않고 끝까지 믿음을 지켜나갑니다.

의를 위하여 박해를 받는 자가 복이 있다는 것은 천국백성으로 살아갈 때, 즉 의롭게 살고자 몸부림을 칠 때 박해가 뒤따르기도 합니다. 그러나 이러한 일이 당하는 사람이 복있는 사람이라고 위로하십니다.

의를 위하여 박해를 받는 것은 경건하게 살고자 하기에 박해를 받는 것입니다. 세상의 방식으로 살면 우리는 욕도 안 먹고 박해를 받지 않습니다. 그러나 하나님의 뜻대로 살고 예수님을 위하여 살고자 하면 세상 사람들로부터 외면, 조롱, 멸시, 박해를 받기도 합니다.

디모데후서 3:12 무릇 그리스도 예수 안에서 경건하게 살고자 하는 자는 박해를 받으리라.

베드로전서 4:15-16 너희 중에 누구든지 살인이나 도둑질이나 악행이나 남의 일을 간섭하는 자로 고난을 받지 말려니와 만일 그리스도인으로 고난을 받으면 부끄러워하지 말고 도리어 그 이름으로 하나님께 영광을 돌리라.

세상은 의로운 자를 싫어하고 배척합니다. 선하게 사는 사람을 싫어합니다. 성경에서 그 예를 찾아보면 이렇습니다.

1) 노아

창세기 6:9 이것이 노아의 족보니라 노아는 의인이요 당대에 완전한 자라 그는 하나님과 동행하였으며.

하나님의 말씀에 순종하여 방주를 만들었던 노아는 사람들로부터 비웃음과 조롱을 받았습니다.

2) 욥

욥기 1:1 우스 땅에 욥이라 불리는 사람이 있었는데 그 사람은 온전하고 정직하여 하나님을 경외하며 악에서 떠난 자더라.

욥이 의롭게 살려고 했기에 친구들로부터 비난을 받았고 아내는 저주하고 욥 곁을 떠났습니다.

3) 다니엘

왕을 숭배하라는 명령을 거절함으로 사자굴에 던져졌습니다.

그러나 이들은 도리어 하나님으로부터 믿음을 인정받아 구원을 얻고 땅에서도 잘되는 복을 누렸습니다.

주님은 인간을 죄에서 구원하시기 위해 십자가를 지셨습니다. 그런데 사람들은 예수님을 조롱하고 비웃었습니다. 침을 뱉었습니다. 채찍으로 때렸습니다. 자신들을 위해 죽으시기 위해 십자가를 지고 가시는데, 온갖 괴로움을 더해주었습니다. 가장 의로우신 분, 죄도 없으신 분, 하나님의 아들이신 예수님도 죄인을 구원하시기 위한 의로운 길을 가시며 고난을 당하셨습니다. 그러나 예수님은 부활하심으로 승리하셨습니다. 사단을 결박하셨습니다. 그러므로 죄인들이 죄에 대하여 죽고 의에 대하여 살게 되었습니다. 영생을 얻게 되었습니다.

> **마태복음 5:11** 나로 말미암아 너희를 욕하고 박해하고 거짓으로 거슬러 모든 악한 말을 할 때에는 너희에게 복이 있나니.

예수님을 위하여 박해를 받는 사람이 복이 있다니 이 얼마나 이해하기 어려운 말입니까?

그러나 예수님 때문에 어려움을 당하고, 의롭게 살기 위해 어려움을 당하고 믿음을 지키기 위해 어려움을 당한다면 이는 복된 일이기에 기뻐하고 즐거워하라는 것입니다. 천국백성, 즉 하나님의 절대주권 아래에서 하나님의 나라와 예수 그리스도를 위하여 고난을 당해도 믿음을 끝까지 지키며 도리어 기뻐하고 즐거워하는 사람은 최고 수준의 복있는 사람이 된 것입니다.

우리가 살면서 사랑하는 사람을 행복하게 하기 위해 자신을 희생할 때 행복합니다. 자녀들을 키우고 공부시키기 위해 부모님의 힘들게 고생해도 기쁩니다. 왜 그렇습니까? 자녀들을 사랑하기 때문입니다. 사랑하는 사람을 위해 고생하고 희생하는 것은 기쁨이요 즐거움입니다.

하나님은 우리를 사랑하사 독생자이신 예수님을 십자가에서 고난을 받고 죽게 하셨습니다. 예수님의 고난은 죄인들을 사랑하사 죄를 사하시고 영원한 생명을 주시기 위한 것이었습니다. 이로 인해 예수님을 영접하고 하나님의 자녀된 구원받은 천국백성들은 예수님을 통해 나타난 하나님의 사랑과 구원에 감격하여 살아갑니다. 이제 예수님을 믿음으로 하나님의 자녀된 사람들은 하나님을 사랑합니다. 그리고 자신의 죄를 위해 십자가에서 죽으신 예수님을 사랑합니다. 그래서 이제는 예수님을 위하여 비난과 조롱을 받고 무시를 당하고 욕을 먹는 것도 기뻐하고 즐거워합니다. 그리스도인이 의롭게 살아가면서 박해를 받고 예수님을 믿는 것 때문에 욕을 먹고 고난을 당해도 기뻐하고 즐거워합니다. 그 이유는 하나님을 사랑하기 때문입니다. 하나님을 향한 사랑은 이 세상의 그 어떤 것도 막을 수가 없는 것입니다.

의와 예수님을 위하여 박해를 받는 것조차 기뻐할 수 있는 이유는 그 속에 예수님이 온전히 거하시기 때문입니다. 이것은 사도들의 고백에서 알 수 있습니다. 바울과 요한은 다음과 같이 고백했습니다.

> **로마서 14:8** 우리가 살아도 주를 위하여 살고 죽어도 주를 위하여 죽나니 그러므로 사나 죽으나 우리가 주의 것이로다.
>
> **빌립보서 1:20-21** 나의 간절한 기대와 소망을 따라 아무 일에든지 부끄러워하지 아니하고 지금도 전과 같이 온전히 담대하여 살든지 죽든지 내 몸에서 그리스도가 존귀하게 되게 하려 함이니 이는 내게 사는 것이 그리스도니 죽는 것도 유익함이라.
>
> **요한계시록 1:9** 나 요한은 너희 형제요 예수의 환난과 나라와 참음에 동참하는 자라 하나님의 말씀과 예수를 증언하였으므로 말미암아 밧모라 하는 섬에 있었더니.

예수님이 바울과 요한의 전부가 되었기에 예수님을 위해 감옥에 갇히고 섬으로 유배를 가도 기뻐하고 즐거워했습니다. 그들은 자신의 생명을 예수님을 위해 드리는 것도 주저하지 않고 도리어 자랑스럽게 여겼습니다.

예수님을 따라가고 예수님이 말씀하신 방식대로 살다보면 세상과 부딪칠 수 있고 이로 인해 어려움이 올 수 있지만 그 무엇도 예수님을 향한 사랑을 막을 수가 없습니다.

사도행전에 나오는 초대교회 성도들을 한번 생각해 봅니다. 그들은 예수님을 사랑하여 천국백성으로서의 최상의 삶의 모습을 보여주었습니다. 이 모습들을 몇 구절을 통해 살펴봅시다.

사도행전 2:36 날마다 마음을 같이 하여 성전에 모이기를 힘쓰고 집에서 떡을 떼며 기쁨과 순전한 마음으로 음식을 먹고.

사도행전 5:41-42 사도들은 그 이름을 위하여 능욕 받는 일에 합당한 자로 여기심을 기뻐하면서 공회 앞을 떠나니라 그들이 날마다 성전에 있든지 집에 있든지 예수는 그리스도라고 가르치기와 전도하기를 그치지 아니하니라.

사도행전 7장에서 스데반 집사님은 예수 그리스도를 증거하다가 죽임을 당하는데, 이 순간에도 예수님을 바라보며 영광스럽게 순교하였습니다.

초대교회 성도들의 삶은 긴장의 연속이었습니다. 삶과 죽음 사이에서 언제 어떤 어려움이 올지 모르는 긴박한 상황이었습니다. 사도들은 공회에 끌려가 심문을 당했습니다. 매도 맞았습니다. 죽이겠다는 위협을 받기도 했습니다. 감옥에 갇히기도 했습니다. 유대인들로부터 갖은 멸시를 받았습니다. 이러한 상황에서 무엇이 기쁘고 즐거웠겠습니까? 그러나 그들은 예수님 말씀대로 기뻐하고 즐거워했습니다.

사도행전 5:41 사도들은 그 이름을 위하여 능욕 받는 일에 합당한 자로 여기심을 기뻐하면서 공회 앞을 떠나니라.

사도들은 예수님의 이름을 위하여 어려움을 겪었지만 도리어 기뻐했습니다. 그렇게 할 수 있었던 것은 예수님을 사랑하기 때문이었습니다. 예수님을 자신의 생명보다 더 귀하게 여겼습니다. 그래서 예수님 때문에 고난을 당하는 것을 아무것도 아닌 것으로 여기고 기뻐했습니다. 하나님과의 사랑, 예수님을 사랑하기에 사랑하는 분을 위해 어려움을 당하는 것은 아무 일도 아니었습니다. 이처럼 예수님을 사랑하기 때문에 당한 고난은 천국백성에게는 도리어 복입니다. 천국이 그들의 것이기 때문입니다.

예수님을 사랑한다는 가장 확실한 증거는 어떤 상황에서도 그분 때문에 기뻐하고 즐거워하는 데 있습니다. 예수님을 믿는 것으로 인해 사람들이 욕할 때 웃는 이 초월적 믿음은 도리어 하나님의 영광을 드러냅니다.

예수님 때문에 욕을 먹고 따돌림을 당하여도 기뻐하고 즐거워하며 섬깁니다. 그 이유는 영원한 생명이신 예수님을 사랑하기 때문입니다. 이런 사람이 천국백성입니다.

그리스도인들이 예수님과 의를 위하여 박해를 받고 욕을 먹고 악한 말을 들을 때에 복있는 사람이 됩니다. 이들에게는 천국에서 상이 크기 때문입니다. 바울이 박해 중에도 낙심하지 않는 것은 속사람이 날로 새로워져 영원한 것을 바라보기 때문이라고 고백했습니다.

고린도후서 4:16-18 그러므로 우리가 낙심하지 아니하노니 우리의 겉사람은 낡아지나 우리의 속사람은 날로 새로워지도다 우리가 잠시 받는 환난의 경한 것이 지극히 크고 영원한 영광의 중한 것을 우리에게 이루려 함이니 우리가 주목하는 것은 보이는 것이 아니요 보이지 않는 것이니 보이는 것은 잠깐이요 보이지 않는 것은 영원함이라.

이처럼 천국백성답게 살기 위해 박해를 받는 중에도 낙심하지 않고 예수님을 위해 살고 복음을 전하는 것은 영원한 영광을 사모하기 때문입니다.

고린도후서 4:11 나로 말미암아 너희를 욕하고 박해하고 거짓으로 너희를 거슬러 모든 악한 말을 할 때에는 너희에게 복이 있나니 기뻐하고 즐거워하라.

이렇게 살 수 있다면 그 사람은 가장 복있는 사람입니다. 천국백성으로서 축복의 길을 걸어가는 사람입니다.

박해란 억눌러 괴롭히거나 못살게 구는 것이요, 물리적, 정신적으로 괴로움을 주는 것입니다. 핍박과 박해는 착한 사람이 나쁜 사람에게 괴롭힘을 당하는 것이요, 의로운 사람이 악인에게 괴롭힘을 당하는 것입니다.

박해를 받는 자와 박해하는 자의 차이는 의로운 역할과 악한 역할의 차이입니다. 의로운 자를 힘들게 하고 괴롭히는 것은 죄를 쌓는 것입니다. 따라서 박해를 받는 자는 행복한 사람이요, 박해를 하는 사람은 불행한 사람입니다.

잠언 17:15 악인을 의롭다 하고 의인을 악하다 하는 이 두 사람은 다 여호와께 미움을 받느니라.

악인을 의롭다고 하는 것, 의인을 악하다고 하는 잘못된 판단을 하는 사람을 하나님은 미워하십니다. 하나님은 공의로 판단하시기 때문입니다.

4. 박해가 있어야 할 이유

1) 박해는 진짜와 가짜를 구별합니다

성도의 고난이나 핍박, 박해 등은 그 사람의 믿음이 진짜인지 가짜인지를 가려냅니다. 진짜는 어려움 중에도 의의 길을 걷습니다. 진짜는 박해를 받아도 믿음을 포기하지 않습니다. 진짜는 오늘만 보고 사는 자가 아니라 영원한 세계를 바라보고 삽니다. 그러나 가짜는 그 반대입니다. 어려운 일이 있으면 의의 길, 생명의 길을 포기합니다. 오늘의 유익을 위해 하늘의 복을 포기합니다. 영원을 보며 사는 것이 아니라 찰나를 보며 살아갑니다. 박해는 이처럼 진짜 신앙과 가짜 신앙을 구별합니다. 하나님께 복받을 자로서 하나님이 예비하신 영원한 나라를 상속받을 사람과 영원히 저주를 받을 사람을 구별하십니다(마 25:34, 41).

2) 박해는 성도를 연단시켜 강한 믿음을 갖게 하고 세상이 감당치 못할 아름다운 인생으로 바꿉니다

욥기 23:10 그러나 내가 가는 길을 그가 아시나니 그가 나를 단련하신 후에는 내가 순금같이 되어 나오리라.

잠언 24:16 대저 의인은 일곱 번 넘어질지라도 다시 일어나려니와 악인은 재앙으로 말미암아 엎드러지느니라.

잠언 10:16 의인의 수고는 생명에 이르고 악인의 소득은 죄에 이르느니라.

3) 복음이 더 널리 전파됩니다

사도행전 8장 스데반의 순교 이후에 엄청난 박해가 있었습니다. 그때 성도들은 흩어져 세계 각지에서 예수 그리스도를 전했습니다. 박해를 통해 예수님이 땅 끝까지 전파되었습니다.

4) 넷째는 의로운 자가 받는 핍박, 박해, 어려움, 고난, 연단 후에는 천국, 상, 승리가 주어집니다

마태복음 5:11-12에서 "예수님과 의를 위하여 박해를 받은 자에게 큰 상을 주실 것"이라고 약속하셨습니다. 사람은 성공하기를 원합니다. 그리스도인들은 일반적인 성공과는 다른 성공관을 가지고 있습니다. 일반적으로 성공은 '얼마나 많이 가졌는가'와 '얼마나 원하는 것을 성취하였는가'로 평가합니다. 돈과 재산, 지위, 명예, 소원 성취 등으로 성공의 기준을 삼습니다. 그러나 돈은 가졌는데 잘못 산 사람들이 있습니다. 돈과 재산 때문에 소중한 사람들을 잃어버리기도 합니다. 지위 때문에 교만해져서 도리어 패망의 길로 인생을 끝내기도 합니다. 잘못된 투자로 인생을 허비하기도 합니다. 이러한 성공은 진정한 성공이 아닙니다.

그리스도인의 성공의 기준은 '얼마나 의미 있게 살았는가'에 있습니다. 비록 이름이 알려지지 않았어도 의미 있게 살았다면 성공한 사람입니다. 진심으로 처음과 끝이 변함없이 순수하게 영혼을 사랑하며 의미 있는 목회를 한 목회자가 성공한 목회자입니다. 천국백성의 성공은 얼마나 의미

있는 일을 했느냐에 따라 성공 여부가 나타납니다. 예수님을 위해 고난을 받는 것이나, 영혼을 살리기 위해 복음을 전하며 박해를 받는 것은 가장 의미 있는 일입니다. 따라서 이러한 삶을 사는 사람들에게 하나님은 천국에서 영원한 생명을 누리고 상과 면류관을 얻게 하십니다.

땅의 것만 생각하고 땅의 복만 바라보고 살지 말고 천국에서 받을 상과 면류관을 바라보며 살아가야 합니다. 어려움을 참고 공부하면 좋은 결과가 주어지듯이, 예수님을 사랑하기 때문에 받는 어려움을 참고 이겨나가면 천국이 우리의 것이요 하늘에서 상이 클 것입니다. 예수님은 분명히 말씀하셨습니다. "하늘에서 너희의 상이 큼이라." 아멘. 할렐루야!

베드로전서 1:7 너희 믿음의 확실함은 불로 연단하여도 없어질 금보다 더 귀하여 예수 그리스도께서 나타나실 때에 칭찬과 영광과 존귀를 얻게 할 것이니라.

로마서 8:17-18 자녀이면 또한 상속자 곧 하나님의 상속자요 그리스도와 함께한 상속자니 우리가 그와 함께 영광을 받기 위하여 고난도 함께 받아야 할 것이니라 생각하건대 현재의 고난은 장차 우리에게 나타날 영광과 비교할 수 없도다.

로마서 8:35-37 누가 우리를 그리스도의 사랑에서 끊으리요 환난이나 곤고나 박해나 기근이나 적신이나 위험이나 칼이냐 기록된바 우리가 종일 주를 위하여 죽임을 당하게 되며 도살당할 양같이 여김을 받았나이다 함과 같으니라 그러나 이 모든 일에 우리를 사랑하시는 이로 말미암아 우리가 넉넉히 이기느니라.

예수님을 믿기에 고난, 역경, 어려움, 핍박, 박해 등을 받고 있다면 두려워하지 말고 도리어 더 좋은 기회로 삼는 사람이 천국백성다운 사람입니다.

예수님을 변함없이 사랑하는 사람, 예수님 때문에 겪는 고난, 불이익, 어려움을 두려워하지 말고 끝까지 믿음을 지키는 사람을 하나님은 아름답게 보시고 천국에서 큰 상을 베풀어 주실 것입니다. 예수님을 위해 희생하는 것을 기쁘게 생각하고 섬길 때 하나님이 귀히 여겨주십니다. 이런 사람은 영원한 승자요, 영원히 행복한 사람입니다.

Eight Steps For Living As God's People

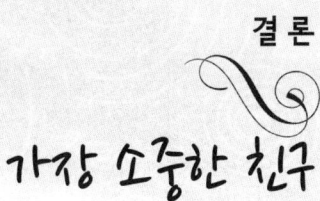

결론

가장 소중한 친구

스캇 펙 박사는 영적 성장의 단계를 다음의 4단계로 설명했습니다.

제1단계: 이 단계는 혼란스럽고 반사회적이다. 가장 원시적인 단계로서 사람들은 종교적일 수도 세속적일 수도 있지만 어느 쪽이든 그들의 '믿음 체계'는 매우 피상적이다. 그들은 본질적으로 신조가 없다. 이 단계는 무법의 단계라고 할 수 있다.

제2단계: 이 단계는 공식적이고 제도적이다. 이것은 법문의 단계인데, 근본주의자(가장 종교적인 사람들을 뜻함)들이 나타난다.

제3단계: 이 단계는 회의적이고 개인적이다. 여기서 많은 세속주의자들이 나타난다. 이 단계에 있는 사람들은 대개 과학적인 사고방식을 가지고 있고, 이성적이며, 도덕적이고 인간적이다. 그들은 확실한 물질주의자처럼 보인다. 그들은 영적인 문제에 대해 회의적일 뿐 아니라 증명될 수 없는 것에 대해서는 관심조차 없다.

제4단계: 이 단계는 신비적이고 공동체적이다. 종교적 발달 단계 중 가장 성숙한 단계로서 영혼의 법에 이른 단계일 것이다. 이 단계의 사람들은 이성적이지만 이성주의를 맹신하지 않는다. 그들은 자신들이 가진 의문에 대해 의심하기 시작한다. 그들은 '만물을 지배하는 보이지 않는 법칙'을 완전히 정의할 수는 없지만, 밀접하게 관련되어 있다고 느낀다. 그들은 신성한 존재가 가는 신비스러움에 편안함을 느낀다.[28]

이처럼 스캇 펙의 영적 성장 네 번째 단계에서 볼 수 있듯이 신앙은 결국 하나님의 다스림을 깨닫고 순종함으로 평안함을 느끼고 경험하며 살아가는 것입니다. 그래서 하나님과 밀접한 관계를 유지하면서 살아갑니다. 이런 사람이 천국백성이요, 복있는 사람입니다.

2006년과 2007년도에 인천외항선교회에서 외국인 선원들에게 복음을 전하는 선교사님을 도와 예배를 드리고 말씀을 전하는 시간을 가졌습니다. 배 안에서 선원들이 쉬는 짧은 시간을 활용해서 복음을 전할 때 그들 중에 예수님을 영접하는 사람들이 있어서 하나님의 위대하신 경륜을 찬양했습니다. 이러한 선교를 하기 위해 인천항만에 처음 들어가 정해진 배를 향해 갈 때 차 안에서 선교사님과 대화 중 제가 학비를 마련하기 위해 인천항에서 일했던 것을 말했습니다. 그러자 선교사님은 깜짝 놀라시면서 이런 말씀을 하셨습니다.

"부두노동자였어요?"

"예, 추운 겨울에 학비 벌려고 하역하는 일을 했습니다."

---

28) M. 스캇 펙, 『그리고 저 너머에』, 손홍기 역 (서울: 열음사, 2007), 349-350.

"아무튼 부두노동자였네요. 그런데 지금은 목사가 되어 설교를 하러 가다니 이 목사님 팔자 고치셨습니다."

"예. 그렇습니다. 저는 분명 새로운 인생을 살게 된 팔자 고친 사람입니다."

선교사님 말씀처럼 25년 전에는 칼바람이 부는 추운 겨울에 미래를 향한 꿈을 가지고 작업복을 입고 일하던 사람이 이제는 선원들에게 복음을 전하러 가니 이 얼마나 감개무량한 일인지요!

그런데 이렇게 제가 복있는 사람이 된 것은 한 친구를 잘 만났기 때문입니다. 지금도 그 친구를 잊을 수 없어 그 친구를 여러분께 소개하고자 합니다.

제가 교회를 처음 나간 것은 초등학교 5학년 때였습니다. 물론 할머니는 독실한 신자로 기도에 힘쓰던 분이었으나 일찍 돌아가셨고 아버지가 신앙을 물려받았으나 1·4 후퇴 때 남쪽으로 오시면서 신앙생활을 못했습니다. 그러나 마음으로는 늘 하나님을 의지하고 사는 분이셨습니다. 이러한 신앙의 뿌리를 가진 저는 어머니의 인도를 따라 교회에 나가게 되었습니다. 처음에는 얼떨떨했지만 곧 교회 분위기에 익숙해졌고 점차 재미가 있었습니다.

그러던 어느 날 한 친구가 제게 가까이 다가오는 것을 알게 되었습니다. 처음에 저는 그 친구를 그다지 중요하게 생각하지를 않았습니다. 그런데 늘 제 가까이에 있기를 좋아했고 저도 그 친구와 친하게 지내고 싶은 마음이 들기 시작했습니다. 그 친구와 무척 가까워지기 시작한 것은 중학교 3학년 때였습니다.

 중학교 다닐 때 가정이 많이 어려웠습니다. 중학교 3학년 때는 2학년 납부금을 다 못낸 이유로 반편성이 되지 않아 제가 좋아했던 국사선생님(별명이 불독선생님)을 찾아가 울면서 공부하고 싶다고 했습니다. 그 덕에 저는 3학년을 다닐 수가 있었습니다. 그러나 저의 물질적 고통은 계속되었습니다. 아마 중학교 입학 때 입은 교복을 졸업할 때까지 입은 학생은 많지 않았을 것입니다. 저는 교복 한 벌로 3년을 입고 다녀야만 했습니다. 납부금을 내야 할 때마다 학교 가기가 싫었습니다. 그러나 참고 끝까지 다녔습니다. 부모님은 열심히 일하셨지만 겨우 먹고 살 수 있는 정도였습니다.

 그때 저는 교회에 나가고 얼마 후에 다가온 친구와 아주 가까워졌습니다. 그 친구는 아주 부자였습니다. 저는 가난했습니다. 그럼에도 불구하고 저를 친구로 삼아 주었습니다. 힘들어서 혼자 교실 밖에 우두커니 앉아있을 때, 그 친구는 슬며시 제게 찾아와 위로해 주고 용기를 주었습니다. 어떤 때는 속으로 울기도 할 때, 제 마음의 눈물을 씻어 주었습니다. 저는 자존심 때문에 마음을 열지 않았으나 시간이 지나면서 그 친구의 마음이 진심임을 알고는 제 마음도 열리기 시작했습니다. 교회에 가서도 만났고 평일에도 시간을 내어 밤에 만나기도 했습니다.

 고등학교 진학을 할 때 부모님은 철도고등학교에 가라고 하셨습니다. 학비를 내지 않아도 되고 졸업 후에 취업이 확실하였기 때문이었습니다.

그때 학교에서 철도고등학교에 원서를 단 두 명으로 제한했습니다. 부모님의 말씀을 따라 저도 철도고등학교에 원서를 접수했습니다. 그런데 저는 싫었습니다. 왠지 다른 길이 있을 것만 같았습니다. 그리고 중학교 때 납부금 때문에 마음 고생한 것이 너무도 싫었기에 학교에 다니는 것 자체를 싫어했습니다. 더군다나 그 해는 3년 터울인 제 동생이 중학교에 들어갔습니다. 제 동생에게 저와 같은 아픔을 겪게 하고 싶지는 않았습니다. 그래서 돈을 벌고 싶었습니다. 고등학교 진학을 포기했습니다. 저희 때부터 추천으로 고등학교를 배정했는데, 인문계열을 원했던 저는 제물포고등학교나 인천고등학교를 가고 싶어했습니다. 제 원대로 제물포고등학교에 배정되었으나 포기했습니다. 어쩌면 그때 제 결정이 어리석었는지 모릅니다. 이 일로 가끔은 후회를 하기도 했습니다.

그 후 저는 일하고자 직장을 구하러 다녔습니다. 그러나 어린 저를 고용하는 회사도 없을 뿐더러 막상 사회생활을 하자니 두려움이 생기고 자신감을 잃어버리게 되었습니다. 학교에 가는 중학교 동창을 어쩌다 만날 때는 너무도 부러웠습니다. 생각보다 쉽지 않았습니다. 아주 작은 중소기업에 들어가서 그토록 하기 싫어하던 직장생활을 하기도 했습니다. 그러다가 교회 목사님의 소개로 인천 기독병원 총무과에 말하자면 급사로 취직을 하게 되었습니다. 그곳 생활은 싫지 않았습니다. 사무적인 일을 배우게 되었습니다. 그러한 분위기가 제게는 잘 맞았습니다. 무엇보다도 감사했던 것은 병원장님과 원목님, 의사 선생님들을 보면서 꿈을 꾸게 된 것입니다. 그래서 공부하고자 하는 마음이 강하게 생겼습니다. 그때부터 검정고시에 관심을 갖게 되었습니다. 고등학교를 졸업하고 대학교에 진학하고 싶은 마음이 간절해졌습니다. 그러나 혼자 공부한다는 것이 얼마나 어려운 일인지를 알게 되었습니다. 고등학교 교과서를 사서 일을 마친 후 집에서 공부를 했습니다. 코피를 쏟을 때가 한두 번이 아니었습니다. 그러나 반드시 고등학교 졸업장을 갖고 싶었습니다. 그런데 문제는 생각대로 진도가 나가지 않았습니다. 어느 분의 소개로 대학생 선생님들이 가르치는 야학을 다니게 되었습니다. 몇 달을 다닌 후 혼자 공부하기로 작심을 하고는 부지런히 고등학교 교과서를 읽으며 암기하고 열심히 하려고 했습니다. 검정고시를 보았는데, 첫 번째 응시에서 합격에 요구되는 점수를 얻지 못했습니다. 두 번째도 실패, 세 번째도 실패했습니다. 자꾸 떨어지니 더 이상 공부하고 싶은 마음이 들지 않았습니다. 학원을 다니고 싶었지만 부모님께 학원비를 대달라는 말을 할 상황도 아니었습니다.

 인천기독병원에서 일한 2년 이외의 시간에는 참 여러 일을 해보았습니다. 새벽에 신문을 돌리고 낮에는 일일 학습지를 배달하기도 했습니다. 중국집 배달도 해 보았으나 이틀만에 그만두었습니다. 아는 사람 집에 배달을 갔다가 그만두기로 한 것이죠. 1년간 인천직업훈련원에서 공부하고 실습을 해서 선반기능사 2급 자격증도 가지고 있었으나 적성에 맞지 않아 선반기능공 생활도 몇 달 못했습니다. 리어카를 끌고 배추 장사도 했습니다. 인천항에서 부두 노동자로 일하기도 했었습니다. 칼바람이 부는 추운 겨울날 배에서 며칠씩 밤낮으로 일할 때 정말 힘들었습니다. 그때마다 친구의 조언이 컸습니다. 나중에 성공하려면 이 정도의 어려움은 이겨

내야 한다는 것이었습니다. 서울역 건너편에 소재한 동암교회에서 신학교 시절 동기 전도사님과 함께 사역을 할 때였습니다. 교회 청년부 회지에 글을 실었는데, 동기 전도사님이 제목을 이렇게 정해서 글을 실었습니다. '부두 노동자에서 목회자로.' 이만큼 힘든 시간을 보냈지만 이겨낼 수 있었습니다. 그것은 친구의 격려 때문이었습니다.

이와 같이 힘든 시간을 보낼 때 그때마다 이길 수 있었던 것은 그 친구의 도움 때문이었습니다. 어떤 때는 제 삶이 너무 힘들고 다 귀찮아서 친구보고 떠나라고 할 때도 있었지만 그 친구는 웃으면서 제 곁에 늘 있어 주었습니다. 용기를 주었습니다. '좋은 날이 반드시 올 것이다' 라고요.

그렇지만 제 자신에 대한 회의가 들기 시작했습니다.

'나는 이렇게 실패한 인생이구나! 나는 그저 이렇게 살아야 하는가!'

그때 그 친구가 없었다면 제가 어떻게 되었을지 생각만 해도 두렵습니다. 그때 친구와 무척 친해졌습니다.

퇴근하고 집에서 저녁을 먹고 공부 좀 하다가 밤이면 교회를 가기 시작했습니다. 혼자 가서 어두운 데 앉아 있으면 마음이 많이 편했습니다. 한 시간 정도 그렇게 보냈습니다. 그러면서 하나님께 기도를 드리게 되었습니다. 어떤 때는 제 자신에 대해 실망스럽기도 했습니다. 그러나 교회 일에 열심히 했습니다. 학생회도 열심히 참석했습니다. 찬양대원으로 봉사도 했습니다. 그러나 저와 같은 나이의 친구들과는 왠지 거리가 있었습니다. 같이 있어도 괜히 외톨이 같았습니다. 어떤 때는 대화거리가 다릅니다. 그래도 같이 어울려 보려고 애를 썼습니다. 한번은 친구들이 모인 곳에 갔는데 학교도 안 다니는 것이 낀다고 하는 소리를 들었습니다. 친구들에게 미안하다는 말을 하고는 그날 밤에 교회에 가서 강단 앞에 엎드렸습니다. 마음에는 오기가 생겼습니다. '그래 두고 보자. 나중에 누가 더 잘 되나 보자.' 그러나 이러한 오기도 잠깐이요, 시간이 조금 지나니 마음이 서글퍼졌습니다. 이때 어둠 속에서 제게 다가온 사람이 있었습니다. 가만히 보니 제 친구였습니다. 제 눈에서 흐르는 눈물을 씻어 주었습니다. 그리고는 용기를 주었습니다. 그리고 소망을 주었습니다. 그리고 무언의 메시지를 제게 주었습니다. "내가 너를 도와주고 너와 함께 할게." 그리고 제 손을 꼭 붙들어 주었습니다. 그 친구는 늘 저를 지켜보았고 저도 그 친구를 보는 것이 너무 좋았습니다. 대화하는 시간이 많아졌습니다. 같이 있는 시간이 많아졌습니다. 그 친구는 늘 변함이 없었습니다. 늘 웃었습니다. 제가 마음이 약해지거나 아파할 때는 늘 어김없이 제 마음을 읽고는 위로해 주고 용기를 북돋아 주었습니다. 저는 마음과 육신이 힘들 때 그 친구에게 말했습니다. 늘 스스럼없이 받아주었기 때문입니다.

    검정고시 4수를 하고 다섯 번째 시험을 보았습니다. 실패한 경험도 있고 실력도 부족한 것 같아 별로 기대를 하지 않았는데 합격했습니다. 비록 다른 친구들보다 고등학교 졸업이 몇 달 늦었지만 그래도 너무 기뻤습니다. 부모님이 너무 기뻐 우셨습니다. 그리고 그 친구도 너무 너무 좋아했습니다. 그 후 대학 시험을 준비했고 경기대학교에 합격하여 얼마 전만 해도 생각지 못했던 대학생이 되었습니다. 사실 저는 친구가 별로 없었습니다. 고등학교 동창이 없기 때문입니다. 중학교 때 사귄 친구와 교회에서 만난 친구들뿐입니다. 도리어 저는 일 년 위의 선배들과 친하게 지냈습니다. 그런데 서로 대학교를 다니고 군대에 가고 하니 친구들도 만나는 것이 쉽지 않았습니다. 그러나 제가 이제까지 말한 친구는 늘 저를 잊지 않았습니다. 그리고 참 많이 도와주었습니다. 군에 입대하기 전에 그 친구는 저를 권면했습니다.

"응윤아, 목사가 되는 것이 어떻겠니?"

"내가 무슨 목사가 돼?"

그러나 그 친구는 계속 권면했습니다. 목사가 되라고요. 그 말을 가슴에 담고 저는 군 입대를 했습니다. 군기가 세다고 하는 백골부대에서 6주간의 신병교육을 받고 소대에 배치받기 위해 연대 본부에서 대기하고 있을 때 그 친구가 힘을 써 주었습니다. 저는 아무 힘도 없었는데 연대본부 병기과로 옮겨 주었습니다. 사실 제가 피아노를 전문적으로 치지는 못하지만 찬송가와 복음성가는 칠 수 있었습니다. 교회에 반주자가 필요한데, 마침 제가 찬송가 반주 정도는 하는 관계로 연대 본부에 남게 되었던 것이죠. 사실 피아노를 치는 것도 그 친구가 저에게 지속적으로 권유해서 혼자 연습하게 되었던 것입니다. 그리고 3개월 후 연대 군종이 되었습니다. 좋으신 목사님들 아래에서 신학생이 아닌 저는 많은 것을 배웠습니다. 할 수도 없는 사람에게 설교를 하라고 해서 설교도 많이 했습니다. 사실 훌륭한 목사님들 설교집을 읽고 한 것이었지만 경험은 경험이었습니다. 군 생활 1년여 남았을 때 새로 부임하신 군목님께서 저보고 계속해서 목사가 되라고 말씀하셨습니다. 그러면서 설교를 더 많이 시키는 것이었습니다.

  제대 후 이러한 문제로 고민하다가 비오는 어느 날 생전 가보지 않았던 한얼산 기도원에 가서 기도하기로 했습니다. 저녁 무렵 기도원 입구에서 버스에서 내렸습니다. 비는 오는데 기도원까지 걸어서 올라가야만 했습니다. 어두움이 금방 깃들더니 이내 어두워졌습니다. 처음 비에 젖은 옷을 어느 성도님이 빌려준 옷으로 갈아입고는 집회에 참석한 후 기도하기 시작했습니다. 냉랭하던 가슴이 뜨거워지기 시작했습니다. 그리고 한없이 나오는 회개와 더불어 저는 꼼짝없이 하나님께 두 손 들고 항복을 하고는 목사가 되겠다고 헌신했습니다. 그리고 그 다음날 기도원을 내려오는데 얼마나 좋은지 마치 뭍에 나온 물고기가 물속에 들어가는 것만 같았습니다. 대학교를 졸업하고 총신대학교 신학대학원을 졸업하고는 전도사, 강도사를 거쳐 그 친구가 원하던 대로 목사가 되었습니다. 그 친구는 대학교와 신학대학원에 다닐 때 다른 좋은 사람들을 소개시켜 주어 기도와 물질로 돕도록 했고 지금까지도 좋은 사람들을 연결시켜 후원하게 해 주었습니다.

  그리고 미국에서 목회를 할 때도, 한국에 다시 와서 때론 힘들고 외로울 때 목회의 길이 열리지 않아 답답해 할 때도 늘 곁에서 위로해 주었습니다. 그리고 언제나 변함없이 저를 도와주고 세워줍니다. 지금까지도 저를 떠나지 않고 제 곁에 있습니다. 저는 감히 친구라고 할 수 없는데 그분은 저를 친구로 대해 주었습니다.

  외로울 때는 늘 다가왔습니다. 실패자와 같은 사람을 친구로 삼아 주었습니다. 마음으로 눈물을 흘릴 때 씻어 주었습니다. 교회에서 혼자 기도하며 울 때 슬며시 다가와 저의 눈물을 씻어 주었습니다. 절망할 때에 늘 용기를 주었습니다. 다른 나쁜 친구들의 유혹이 있을 때 거기에 빠지지 말라고 하면서 저를 이끌어 내주었습니다.

처음부터 지금까지 변함이 없습니다. 제가 실수할 때도 있고 친구의 마음을 아프게 할 때도 참 많이 있었습니다. 그런데 그 친구는 늘 저를 이해해 주고 참아 주었습니다. 어떤 때는 제발 나 혼자 있게 해 달라고 말을 해도 인상 하나 찡그리지 않고 늘 웃어 주었습니다.

지금 생각하면 저는 친구가 될 만한 자격도 없는 사람입니다. 그리고 그 친구를 위해 한 것도 별로 없습니다. 저는 그 친구를 위해 준 것도 별로 없는데 그 친구는 제가 필요로 하는 것은 언제든지 아낌없이 줍니다. 그런데 그 친구는 늘 부족한 저를 친구로 여겨주고 도와주고 지켜 줍니다.

이제 저는 철이 좀 드는 것 같습니다. 이제는 저도 그 친구에게 무언가를 주고 싶은 마음이 강하게 들기 때문입니다. 늘 사랑의 빚만 졌는데, 이제는 갚아야겠다는 생각이 많이 듭니다. 이 친구 생각을 하면 괜히 눈에 눈물이 고입니다.

지금까지 소개한 친구는 바로 저 같은 사람을 친구로 삼아 주신 예수님이십니다.

예수님은 너무도 보잘것없는 저를 복있는 인생으로, 행복한 목회자로 삼아 주셨습니다. 받은 사랑과 은혜가 너무 과분합니다. 예수님 때문에 복 받았습니다. 그래서 이제 예수님을 더욱 기쁘시게 해드리고 싶은 마음

뿐입니다.

　독학으로 검정고시를 준비하면서 너무 힘들고 좌절되어 포기하고 싶은 마음이 들었을 때 교회 강단 앞에 엎드려 눈물 흘리며 탄식하며 기도했습니다. 그때 제 손을 꼭 잡아 주었던 가장 소중한 친구요 전부인 예수님을 생각하며 다음의 가사를 지었습니다. 그리고 이 가사로 곡을 만들었습니다.

　　1. 세상의 모든 것 의지할 것 없지만 우리 주 예수는 내 피난처 되시죠
　　2. 아 참 놀라와 주 예수님 은혜는 무거운 모든 짐 내 대신 져 주시죠
　　후렴) 우리는 약하여 늘 넘어질 때도 주님은 내 손을 꼭 붙잡아 주시죠

　가장 좋은 친구가 되어 주신 예수님 안에서 제 인생을 영적으로 정리하면 다음과 같습니다.

비우기 - 어려움으로 인해 텅 빈 상태로 있었던 시간
슬퍼하기 - 출근길에 등교하는 중학교 동창을 만난 날 밤에 교회에서 슬피 울며 애통했던 시간
길들이기 - 고난의 시간 속에서 하나님의 뜻에 순종하도록 말씀으로 길들여지던 시간
몸부림 치기 - 고학할 때 하나님의 도우심을 구하며 몸부림쳤던 시간
베풀기 - 어려웠지만 더 어려운 사람, 가난한 사람들을 긍휼히 여기는 마음을 가졌던 시간

순수하기 - 기도원에서 죄를 깨달은 후 순수하고 깨끗한 마음을 사모하며 용서를 구하던 처절했던 시간

피스메이커 되기 - 혈기가 많은 사람이지만 실패를 거듭하면서도 화평을 위해 노력해 왔던 시간

승자되기 - 자격이 없지만 목사로 세우셔서 주님을 위해 지금까지 바쳐 온 시간

주마등처럼 스쳐 지나가는 지금까지의 시간 속에 비춰진 제 인생을 예수님이 가르치신 팔복의 말씀에 비추어 보니 결코 불행하지 않았음을 발견하면서, 천국백성-복있는 사람으로 세워 주신 하나님께 무한한 감사를 올려드립니다.

부족한 사람을 친구처럼 여겨주신 예수님, 허물과 죄가 많고 실수를 수없이 한 저를 용납해 주시고 은혜를 부어 주신 하나님, 언제나 제 속에서 능력으로 역사하시는 성령님께 이 고백을 하며 글을 마칩니다.

정말 사랑합니다.
그리고 감사합니다.

스캇 펙 박사가 "결국 모든 것은 하나님을 향한다",[29] "참된 영광은 우리 자신을 참된 하나님께 바칠 때 우리의 것이 될 수 있다"[30]고 말한 것처럼

---
29) M. 스캇 펙, 『그리고 저 너머에』, 405.
30) M. 스캇 펙, 『그리고 저 너머에』, 407.

인생이 하나님을 향하고 참된 영광을 구하는 삶이 되기를 바랄 뿐입니다.

이 땅의 모든 그리스도인들 천국백성답게 살아서 영원히 복있는 사람이 되기를 기대합니다.

요한계시록 5:13b 보좌에 앉으신 이와 어린양에게 찬송과 존귀와 영광과 권능을 세세토록 돌릴지어다.

참고문헌

김세윤.『구원이란 무엇인가』. 서울: 도서출판 제자, 1997.

_____.『복음이란 무엇인가』. 서울: 두란노, 2005.

김수진.『조덕삼장로이야기』. 서울: 도서출판 진흥, 2010.

김창옥.『소통형 인간』. 서울: 아리샘, 2009.

랜즈, 데이비드 S.『국가의 부와 빈곤』. 안진환 최소영 역. 서울: 한국경제신문, 2009.

샌델, 마이클.『정의란 무엇인가』. 이창신 역. 파주: 김영사, 2010.

펙, M. 스캇.『아직도 가야 할 길』. 신승철 이종만 역. 부산: 열음사, 2003.

_____.『그리고 저 너머에』. 손흥기 역. 서울: 열음사, 2007.

에모트, 빌.『20:21 비전』. 형선호 역. 서울: 더난출판, 2003.

루이스, C. S.『순전한 기독교』. 장경철 이종태 역. 서울: 홍성사, 2003.

_____.『네 가지 사랑』. 원광연 역. 서울: 생명의 말씀사, 1983.

피터슨, 유진.『목회 영성의 흐름, 주일과 주일 사이』. 차성구 역. 서울: 좋은 씨앗, 2002.

_____.『한 길 가는 순례자』. 김유리 역. 서울: IVP, 2001.

이어령.『지성에서 영성으로』. 파주: 도서출판 열림원, 2010.

이응윤.『고난, 축복의 통로』. 서울: 쿰란출판사, 2009.

패커, 제임스.『당신을 향한 하나님의 계획』. 정옥배 역. 서울: 두란노, 2002.

맥아더, 존.『복음을 부끄러워하는 교회』. 황성철 역. 서울: 생명의 말씀사, 2001.

투르니에, 폴.『죄책감과 은혜』. 추교석 역. 서울: IVP, 2003.

그랜드종합주석9. 기획 편집 제자원. 고양: 성서아카데미, 2004.

비전성경사전. 하용조 편찬. 서울: 두란노, 2002.

천국백성답게 살라
Eight Steps For Living As God's People

2011년 4월 13일 초판 발행

지은이 | 이 응 윤

펴낸곳 | (사) 기독교문서선교회
등록 | 제16-25호(1980. 1. 18)
주소 | 서울시 서초구 방배동 983-2
전화 | 02) 586-8761~3(본사) 031) 923-8762~3(영업부)
팩스 | 02) 523-0131(본사) 031) 923-8761(영업부)
홈페이지 | www.clcbook.com
이메일 | clckor@gmail.com
온라인 | 국민은행 043-01-0379-646, 기업은행 073-000308-04-020
　　　　　예금주: (사)기독교문서선교회

ISBN 978-89-341-0906-8 (03230)

* 낙장·파본은 교환해 드립니다.